AF275448

CUANDO LOS PADRES CAMBIAN, TODO CAMBIA

PAUL DIX
CUANDO LOS PADRES CAMBIAN, TODO CAMBIA

Cómo provocar cambios radicales en
el comportamiento de tus hijos

Traducción de Noelia González Barrancos

 temas de hoy

Título original: *When the Parents Change, Everything Changes*

© Paul Dix, 2023
© por la traducción, Noelia González Barrancos, 2024

Corrección de estilo a cargo de Cristina Baquerizo

© Editorial Planeta, S. A., 2024
temas de hoy, un sello editorial de Editorial Planeta, S. A.
Avda. Diagonal, 662-664, 08034 Barcelona (España)
www.planetadelibros.com

Primera edición: enero de 2024
ISBN: 978-84-19812-24-7
Depósito legal: B. 21.797-2023
Composición: Realización Planeta
Impresión y encuadernación: Blackprint CPI
Printed in Spain - Impreso en España

La lectura abre horizontes, iguala oportunidades y construye una sociedad mejor. La propiedad intelectual es clave en la creación de contenidos culturales porque sostiene el ecosistema de quienes escriben y de nuestras librerías. Al comprar este libro estarás contribuyendo a mantener dicho ecosistema vivo y en crecimiento. En **Grupo Planeta** agradecemos que nos ayudes a apoyar así la autonomía creativa de autoras y autores para que puedan seguir desempeñando su labor.
Diríjase a CEDRO (Centro Español de Derechos Reprográficos) si necesita fotocopiar o escanear algún fragmento de esta obra. Puede contactar con CEDRO a través de la web www.conlicencia.com o por teléfono en el 91 702 19 70 / 93 272 04 47.

Para Ellie, Alfie y Bertie, por recordarme lo mucho que me queda por aprender de mi propio comportamiento

ÍNDICE

INTRODUCCIÓN
EL CAMBIO EMPIEZA EN CASA

El único comportamiento sobre el que tienes un control absoluto es el tuyo: para cambiar el comportamiento de tus hijos, tienes que cambiar el tuyo primero.

En los momentos más complicados, tu comportamiento supone la diferencia entre el caos y la calma, entre que las estrategias fracasen o funcionen. Instaura el clima de todo el hogar. Tu comportamiento es tan importante que cualquier otro factor pasa a un rotundo segundo plano.

Cuando los padres cambian, todo cambia no es solo un título estupendo, sino el principio fundamental necesario para garantizar tanto la cordura de tu progenie como la tuya propia. Sin este principio, todo lo demás carece de importancia.

Esto no implica tener que transformarse en un ser humano diferente de la noche a la mañana. Lo que se ofrece aquí no es una solución mágica para el comportamiento. Sin embargo, sí que es posible aplicar algunos ajustes deliberados y estratégicos en el modo en que te comportas con tus hijos, y que dichos ajustes logren a su vez transformar el comportamiento de ellos contigo.

Cuando los padres cambian, todo cambia. Ese cambio puede comenzar hoy mismo.

El comienzo

Antes de ser padre, fui profesor. De primaria al principio, con contratos de corta duración en la zona de East London, en la capital londinense. El alumnado era encantador, pero las escuelas carecían de recursos suficientes y atravesaban dificultades. Todos los viernes recorría la sección de empleo de la prensa educativa en busca de algo más permanente.

Ni que decir tiene que era un soñador: disfrutaba fantaseando con escaparme de las escuelas en contenedores del Newham de los años noventa y lanzarme al mundo. Me iba directo a los trabajos en los lugares más remotos, a cualquier tierra lejana que encontraba en aquellos anuncios: Jamaica, Bermudas, Canadá..., Wigan. No tardé en pasar a las posibilidades más realistas. Hasta que, un día, vi un empleo que parecía perfecto... de haber tenido yo un poquito más de experiencia.

Se trataba de un puesto de jefe de departamento en un instituto de secundaria de West Midlands. Me faltaba muchísima formación. Resolví presentarme de inmediato, naturalmente. Haciendo caso omiso de las objeciones descorazonadoras de mis colegas («Te falta preparación», «Es para secundaria, ¿qué sabes tú de eso?», etcétera), eché el currículum.

Transcurridas setenta y dos horas desde el envío de mi solicitud, el director me llamó a casa. «¡Tiene que venir a la entrevista!», exhortó. Regocijándome en el suave relumbrón de su entusiasmo —y en haber podido demostrar a mis detractores colegas que estaban equivocados—, me subí al coche y puse rumbo al norte. Al norte propiamente dicho: más allá de Harrow y hasta de las distantes luces de Wembley. El trabajo estaba en una pequeña localidad cercana a Birmingham. Como londinense de nacimiento que soy, no sabía qué esperar. Aun así, al llegar al aparcamiento del instituto me llevé la impresión de que el centro tenía un aspecto bastante inocente: construcciones adosadas con enlucido granuloso y cemento brutalista, el instituto británico por antonomasia.

Me recibió el director, quien, al estrecharme la mano con cortesía, me dio la sensación de estar inexplicablemente encantado de verme. El hombre procedió a informarme de que los seis candidatos al puesto restantes habían renunciado a la entrevista esa misma mañana. «¡Bien!», pensé. Las puertas del destino se abrían por fin. Me condujeron a toda prisa hasta una desangelada sala de entrevistas sin enseñarme primero el centro. Me hicieron tres preguntas, y no habían pasado diez minutos cuando me ofrecieron el puesto. Me convertía así en jefe de departamento. De un instituto de secundaria. No tenía ni idea de lo que estaba haciendo.

Con una sensación de calidez en el cuerpo, fruto de haber logrado un triunfo inesperado, resolví dar una vuelta en coche por el área donde vivía el alumnado del instituto antes de volver a Londres; al fin y al cabo, aquel era mi nuevo territorio. Fue entonces cuando comprendí por qué se habían retirado los otros seis candidatos. Habían tenido la precaución de dar ese paseo antes de llegar al centro y decidido dar media vuelta y volverse a casa. Había ido a parar a una de las escuelas con peores resultados de Inglaterra (11 % de aprobados en los exámenes para la obtención del título de graduado en educación secundaria), situada a las puertas de uno de los complejos de viviendas sociales más conocidos del Reino Unido, en una bolsa de pobreza extrema que se remontaba a varias generaciones.

Dos semanas más tarde, el instituto no logró pasar una inspección, el director que me había nombrado fue despedido sin contemplaciones y todos los alumnos rechazados por el centro de educación especial ubicado al final de la misma calle volvieron. El caos fue en aumento.

Las primeras semanas fueron un desastre. Cometí todos los errores propios de un profesor joven. Dediqué largas jornadas a intentar suscitar el buen comportamiento del alumnado a base de gritos y castigos y denuncié cualquier falta leve en un radio de cien metros, reclutando a todos los subdirectores con pinta de bull terrier que encontraba a mi paso y tratando de lograr el éxito a base de inspirar temor. No funcionó: «Es usted un poco capullo, ¿no, señor?» se convirtió en la cantinela de mi vida. Y sí que lo era. A los alumnos no les podía interesar menos mi afición por imponer castigos y gritar hasta que temblaran las paredes.

Hablamos de alumnos que no seguían las normas, pero sí a las personas. A algunas personas. Me di cuenta de que había profesores que tenían algo de lo que carecía yo: respeto, fruto de una buena relación con los alumnos. Decidí que tenía que aprender de ellos, y rápido.

Durante las semanas siguientes, comencé a averiguar más cosas sobre los niños, sus familias y su comunidad. La pobreza los había despojado de recursos, pero no de orgullo, de pasión ni de sentimiento de arraigo. Eran el tipo de niños que te hacían pasarlas canutas durante meses y luego proclamaban que eras su profe favorito para siempre.

En este instituto, los gritos no funcionaban. Los niños se habían acostumbrado a ellos. Se limitaban a rechazarlos o aceptarlos como parte del ritmo normal de su día a día. Lo que sí funcionaba eran los sentimientos de conexión y confianza mutua. Aprendí a ser yo quien se acercara a los alumnos en lugar de intentar imponerles mis expectativas o tratarlos como si no tuvieran voz propia. Cada día les decía que no me iba a ir, que me importaban y que estaba ahí para ellos, hasta que me creyeron. Durante unos meses, no funcionó. Y luego, de repente, lo hizo.

Fueron los alumnos que peor se comportaban los que más me enseñaron. Aquellos a quienes parecía no afectar ningún castigo porque la vida en su casa ya les castigaba bastante. Tenía que tratar con niños que te mandaban a la mierda si les pedías que hicieran algo que no les apetecía, que venían a la escuela sin asear ni haber probado bocado en veinticuatro horas, que estaban desatendidos y presenciaban a diario abusos domésticos y los efectos de la drogadicción. Eran niños que atacaban a los adultos, amenazaban y tenían la lengua de un marinero en un bar de mala fama. Si me pongo a comparar historias de instituto, las mías siempre son las más alocadas.

Durante esos primeros meses en que reinaba el caos aprendí tanto —en realidad más— como los alumnos. Aquel instituto me enseñó a lidiar con los hijos de otras personas aun en los peores momentos. Me enseñó a responder ante niños que parecen estar fuera de control, a mejorar el comportamiento fijándome en factores positivos o a concebir las consecuencias para que sean proporcionadas y justas. Me enseñó a autocontrolarme y a usar dicho control para gestionar el comportamiento de otras personas.

Aquel no fue más que mi primer paso en una carrera de treinta y tantos años en el mundo educativo —como ayudante de profesor, profesor, asesor y formador de profesores—, si bien me cambió como docente. Con el tiempo, me cambiaría también como padre.

Del aula al cochecito

Recuerdo llevar a mi primer hijo, Alfie, en brazos por Maternidad mientras lo arrullaba con dulzura y le prometía que iba a ser el mejor padre del mundo. Ni que decir tiene que no lo soy. Soy tan capaz como cualquiera de ser un progenitor excelente un minuto y un fracaso total al siguiente. Justo en los descansos de escribir esta introducción, he llamado dos veces Charlotte a la nueva novia de mi hijo mayor.*

Lo que yo tengo es un plan y una serie de principios capaces de eliminar esas incoherencias. Así, los mejores momentos de la crianza siguen siendo magníficos, pero los momentos duros no lo parecen tanto. Se puede fracasar mejor, hacer que un día malo tuyo no afecte a las demás personas y que un día malo de tus retoños no eche a perder el tuyo.

Mi experiencia en el aula me enseñó unas habilidades y técnicas que podían trasladarse fácilmente al hogar. El aula y el hogar no son lo mismo, claro está, pero hay más similitudes que diferencias entre enseñar y criar. Sobre todo en lo que respecta al comportamiento.

La diferencia más importante reside en el aspecto emocional. Cuando les dices a los hijos de otras personas lo que tienen que hacer y cómo comportarse, la conexión emocional y la culpa son menores. Es más fácil ser racional y no dejar que los sentimientos personales hacia el niño te nublen el juicio. En cambio, como progenitor, cada interacción parece conllevar un aluvión de ansiedades sobre tus habilidades, la relación con tu progenie, o aquella vez que gritaste injustamente. Lo entiendo, evitar este tipo de pensamientos es complicado.

Sin embargo, es aquí donde la perspectiva de un docente viene como anillo al dedo. Piensa en tu profesor

---

* Se llama Emily. Charlotte fue la novia anterior.

favorito del colegio. Piensa en cómo lidiaba con el comportamiento. Los mejores profesores son coherentes, justos y tranquilos. Ante un muro de gritos formado por treinta niños, ya sean de seis o de dieciséis años, ellos se deslizan como un cisne: impiden los comportamientos más inestables, tranquilizan a los niños más vulnerables y apagan fuegos sin pestañear. Lo sabes porque has recibido clases de unos cuantos profesores así. Con suerte, de muchos.

Tu hijo no es tu alumno. Sin embargo, a la hora de lidiar con las partes más difíciles de su comportamiento, puede ser útil recurrir al manual de los mejores profesores. Cuando se trasciende la confusión emocional que conlleva lidiar con tu propio hijo, los principios, habilidades y técnicas que funcionan en el aula se vuelven perfectamente trasladables al hogar.

Lo sé porque lo he probado. A lo largo de los años, fui desarrollando las herramientas que había ideado para cambiar mi propio comportamiento como profesor hasta crear un método diseñado para mejorar de manera radical el comportamiento en las escuelas. Lo llamé «Cuando los adultos cambian, todo cambia». Para mi sorpresa y regocijo, el método se ha convertido en el estándar a la hora de gestionar los comportamientos más difíciles en las escuelas más complicadas —así como en algunas de las mejores— de todo el mundo. Ha sido probado y elogiado en más de cien mil aulas. He hablado de este enfoque en el Parlamento del Reino Unido y trabajado con el Ministerio de Justicia para aplicarlo en centros penitenciarios de menores, además de haber ayudado personalmente a miles de directores a transformar el comportamiento en sus escuelas.

Con los años, he recibido cientos de mensajes de otro grupo que ha utilizado el método de manera ventajosa: el de los progenitores. Ellos han descubierto también que funciona, y no solo en la teoría, sino, además, en la práctica. El método no es simplemente una historia bonita para darte falsas esperanzas: te cambia, y a tu hijo también.

Lo admito: las ideas recogidas en este libro no están recién inventadas. Sus fundamentos se basan en décadas de enseñar a tus hijos, o a unos hijos que se comportan como los tuyos. Los he visto en sus mejores momentos y acompañado en los peores. Mi experiencia como profesor me ha formado a la hora de educar tanto a tus vástagos como a los míos.

Calma, coherencia y crianza relacional

Las ideas recogidas en este libro son diversas, pero siempre regresan a unos cuantos principios sencillos y directos.

Todo empieza con tus emociones. Céntrate en la atmósfera que creas en casa. Con tu comportamiento puedes crear un aura de calma. No puede ser una calma fingida ni accesoria. Hay que ser tan bueno a la hora de crear calma que esta se convierta en el estado de ánimo que impregne todas las interacciones.

A su vez, esta calma creará un patrón de crianza coherente y duradero. Sin embargo, la coherencia requiere planificación, un proyecto para cada día y para los pequeños cambios que tendrá un gran impacto. Es un plan que no te obliga a elegir entre la disciplina estricta y tener una estupenda relación con tus criaturas ni entre tener una carrera de éxito y ser un progenitor excelente. Y no hay que gastar ni un duro para conseguirlo.

El punto álgido de esta coherencia se encuentra en un enfoque positivo y relacional de la crianza, el cual te brinda la oportunidad de ser el progenitor que quieres ser: cariñoso y afectuoso sin menoscabar los límites y capaz de educar en el buen comportamiento. Pese a los altibajos, lo principal es la relación con tu hijo. La crianza relacional la respeta y se asegura de que no sea cuestionada ni en los momentos más complicados.

Crianza con calma, crianza coherente y crianza relacional. Estos principios conforman unos cimientos para la educación independientemente de la edad que tenga el niño. A partir de estos fundamentos desarrollaremos un patrón conductual completamente nuevo para ti y tu hijo.

Veremos por qué gritar es inútil y por qué el reconocimiento positivo es un supercombustible a la hora de mejorar el comportamiento. Veremos cómo enseñar nuevas conductas, estructurar rutinas y establecer normas claras y sencillas. Observaremos los pequeños comportamientos y decidiremos qué hacer con los grandes. Te enseñaré a planificar los momentos complicados y a celebrar los mejores.

Examinaremos guiones que puedan servir para responder a malos comportamientos y aprenderemos la mejor actuación ante un niño enfadado. Hay consejos sobre las consecuencias y los castigos que hacen hincapié en cómo proteger las relaciones. Trataremos las conversaciones restaurativas para ayudar a reparar la confianza dañada y te guiaré a través de un plan para que empieces a trabajar con tu protegido hoy mismo. Y todo sin cargar al progenitor con las culpas ni avergonzar al niño. Todas estas herramientas están al alcance de cualquier progenitor-educador de cualquier tipo. Cuando hablo de la familia en el libro, no me refiero a ningún modelo en particular. La atención casi siempre se centra en un niño que trabaja con un adulto, ya sea su madre, su padre, un cuidador de acogida, un pariente o un amigo. Sea cual sea el tipo de familia —gay, heterosexual, coparental o monoparental—, el elemento básico no varía: un adulto, un menor y cómo estos se comunican.

Este enfoque no solo es más integrador, sino también más eficaz. Aunque tengas seis hijos, siempre es mejor tratar su comportamiento aplicando el principio de un adulto y un niño. Intentar gestionar a los niños en grupo —o que demasiados adultos se ocupen del comportamiento de un niño en particular— complica las cosas de forma innecesaria.

A lo largo del libro, he usado de manera deliberada en los ejemplos diferentes géneros y edades. El sexo o la edad del retoño no afectan a los principios que se presentan a continuación. La atención se centra en tu comportamiento y no en su etapa de desarrollo. Has de cambiar tú para cambiar a tus hijos, independientemente de que tengan cuatro o catorce años.

Habrá momentos en que te reconozcas en algunos de los ejemplos y sientas un escalofrío al pensar: «Ese soy yo. Eso es lo que yo hago». No se trata de avergonzarte, sino de mostrarte lo comunes que son algunos de los errores. No eres el primero en cometerlos, si bien me encantaría que fueras el último.

Una disculpa

Y así es como acabo escribiendo un libro sobre crianza y me veo en la obligación de disculparme por ello. A fin de cuentas, no es una situación con la que me sienta del todo cómodo. En general, me opongo a que me den consejos sobre crianza. Desde luego, no le he dado ninguno a mis amigos (no me atrevería).

A escribirlo no me empuja el ego ni un deseo obsesivo de que me inviten a un programa matinal.* He aprendido a base de cometer todos los errores, ignorar todos los consejos y hallar finalmente la humildad suficiente para ser capaz de escuchar y aprender. No nací con una habilidad mágica para la crianza. Aprendí de excelentes profesores, progenitores, trabajadores sociales y mentores. Soy tan falible como tú, a menudo más. Estoy aquí para ayudar.

Aprovechando la ocasión, me gustaría disculparme también con mi esposa e hijos, quienes, francamente, no tienen ninguna necesidad de soportar el calvario de te-

---

* Aunque lo haría de escándalo, eso por supuesto.

ner un esposo/padre que escribe obras sobre crianza. Si el libro fuera un éxito, ni que decir tiene que estaría dispuesto y encantado de cambiarles el nombre, mandarlos a Panamá y meterlos en un programa de protección de testigos cuando el *Daily Mail* venga a por mí.

Sin embargo, antes de eso, hay cambios que tienes que hacer. Hay muchas cosas que tendrán que readaptarse en tu hogar. Todo es factible, empezando por el paso más importante de todos: comprometerse a dejar de gritar.

1
EL ÚLTIMO GRITO

Cómo ser un adulto bien regulado
emocionalmente

Déjame darte la oportunidad de proferir tu último grito.
Uno más por la causa.

Tiene que ser un grito en condiciones. No te contengas. Abre la ventana y grítale al mundo, a la luna o al vecino desquiciante que corta el césped a las siete de la mañana. Sumerge la cabeza en el agua de la bañera y grita. Móntate en el coche, sube el volumen de la radio y dalo todo.

Bien hecho. Que sea la última vez que malgastas tantísima energía en algo tan inútil.

La ira no es un método eficaz para relacionarte con tus hijos, ni contigo mismo, la verdad sea dicha. Levantar la voz llama a la confrontación y desencadena respuestas airadas. Merma la autoestima de tu hijo, provoca ansiedad y promueve incluso un mal comportamiento en el futuro. Ojalá fuera tan inaceptable socialmente como saltarse la cola en la oficina de Correos.

Tienes que ser la persona más calmada, la más racional y la más comedida. Incluso con adolescentes que parecen estar a punto de escapar a tu control. Incluso con niños pequeños que parecen no atender a razones. Incluso en tus momentos de mayor debilidad. Gritar no forma parte de la crianza: es una decisión. Si quieres cambiar tu comportamiento como progenitor, el primer paso es encontrar el modo de controlar tus emociones, de aprender a ser un adulto bien regulado emocionalmente.

Las recaídas

La mayoría de los progenitores ya saben todo esto. Saben que gritar no ayuda. Saben que el sueño es ser un monje zen que asiente en silencio y sabiamente mientras todo lo que le rodea se sume en el caos.

Todas las personas con descendencia han experimentado esta lucha. En una ocasión, cuando mi hijo pequeño tenía dos años, fuimos en coche desde nuestro hogar en Londres a Oxford. El trayecto no era especialmente largo y, en circunstancias normales, hubiera sido bastante agradable. Lamentablemente, mi pequeño atravesaba una fase de llantos y gritos prolongados. Los motivos no estaban claros. Es posible que le gustara el caos, nada más.

Esa mañana no quería estar en el coche ni sentarse en su sillita. En cuanto salimos, se puso hecho una fiera. Nos pasamos una hora haciendo todo lo que pudimos para calmarlo: usamos distracciones, chucherías, le ofrecimos dinero contante y sonante... Pero nada de aquello dio resultado, de hecho, puede que solo lograra empeorar las cosas.

Suelo ser bastante solvente a la hora de ignorar este tipo de rabietas. Sin embargo, esta vez fue diferente: el ruido era incesante, fuerte y penetrante. Al final, cuando estaba a tan solo dos calles de nuestro destino, estallé. Aparqué en una calle lateral, salí del coche con todo el dramatismo que fui capaz de desplegar y grité a voz en cuello: «¡¡¡NO ME VUELVO A MONTAR EN UN COCHE CON ESTE CRÍO NUNCA MÁS!!!».

Hubo una pausa. Mi compañera señaló amablemente que iba a ser complicado satisfacer mi deseo si queríamos volver a viajar en familia alguna vez en la vida. Sugirió que completáramos el trayecto, puesto que nuestro destino estaba a unos metros. Volví al coche a regañadientes, murmurando para mis adentros, y reanudamos el camino. Los gritos continuaron.

Nadie es perfecto. Yo estoy muy lejos de serlo. Y, aun así, muchos tenemos la sensación de ser increíblemente pacientes durante mucho rato para acabar saltando y explotando de la manera más inapropiada y en los momentos más inesperados (por ejemplo, a cincuenta metros del destino). No hay progenitor que no haya experimentado estas cosas. Todos nos hemos martirizado por ellas. Todos hemos intentado dar con una estrategia para acabar con ellas. Sin embargo, la mayoría de estas estrategias no funcionan porque nunca llegamos al fondo de lo que nos hace estallar. Créeme, me ha pasado.

Dar con la tecla

¿Qué sucede en esos momentos? Estas explosiones tienen mucho que ver con la parte del cerebro encargada de regular las respuestas emocionales. La amígdala está diseñada para mantenerte con vida gracias a que reacciona a todo aquello que percibe como una amenaza de vida o muerte. En los tiempos actuales, la amígdala provoca a menudo reacciones emocionales exageradas ante situaciones que no ponen para nada nuestra existencia en riesgo.

Las estrategias que ofrece el cerebro no son sofisticadas, puesto que nos obliga a elegir entre salir corriendo, plantar cara y pelear, quedarnos inmóviles para evitar ser devorados o, simplemente, someternos y rendirnos. Es posible que, si nos encontramos ante un oso cabreado, una de estas opciones sea la idónea. En cambio, quizá sea necesario mejorar la respuesta cuando nos enfrentamos a un niño frustrado.

La mente emocional hace estragos en nuestra habilidad de ser racionales y coherentes. Sin embargo, si concentras la energía en controlar tus emociones en lugar de en intentar controlar al niño, no se tarda en advertir un progreso.

Para empezar, es necesario dilucidar las razones por las que tu retoño desencadena en ti una respuesta emocional tan desproporcionada. ¿Sabes qué tecla es la que toca? ¿Sabes qué son esas teclas?

La crianza está estrechamente ligada a nuestras preocupaciones, culpas y deficiencias personales: proyectamos nuestras ansiedades en nuestros hijos, nos vemos representados en su comportamiento, hasta el punto de que su conducta nos pueda parecer un reflejo directo de nuestra manera de educarlos. En ocasiones puede parecer que tus hijos no te quieren, no te aprecian o no te valoran como progenitor, lo que para muchos puede ser un gran desencadenante. Esto significa que tu respuesta al mal comportamiento está cargada de antemano con el miedo a que quizá seas el peor progenitor del mundo. No lo eres, pero tienes que averiguar qué es lo que te hace perder la cabeza y por qué para poder reconocerlo cada vez que suceda.

En algunos casos, se trata de una respuesta que tiene su origen en un trauma. Tal vez vivieras experiencias traumáticas físicas o psicológicas en la infancia. Quizá hayas desarrollado una actitud de hipervigilancia ante las amenazas percibidas. Como resultado, es posible que la respuesta de la amígdala se active antes de que el pensamiento racional haya tenido tiempo de empezar a vestirse. Si has dependido de esta respuesta durante la infancia para mantenerte a salvo, cuesta reaccionar de un modo menos instintivo cuando se es adulto.

Con mucha frecuencia, se trata de una reacción basada en el miedo. Una reacción FEAR ('miedo' en inglés): Falsas Expectativas con Apariencia de Realidad. Proyectamos nuestras propias ansiedades absurdas en nuestros hijos. De este modo, el niño que rasca torticeramente una hora para jugar a videojuegos a altas horas de la noche desencadena una cascada de falsas expectativas. La preocupación escala desde un «No es de fiar», pasa por un «Qué otras mentiras me habrá contado» y desemboca en un «Acabará en la cárcel por fraude, seguro». Ya sea tu pequeñín de tres años que se come a escondidas una galleta de más o tu hija de catorce que se escabulle para ver el carnaval de Notting Hill, antes de que tengas la oportunidad de hacer nada práctico para encontrarla, el terror te paraliza la mente: ¿se estará dando un atracón de pollo jamaicano o la habrá secuestrado el asesino del hacha a punta de cuchillo? ¿O se habrá unido a los que llevan el *sound system* y escapado a Kingston, Jamaica?

Estos miedos a que tu vástago vaya por mal camino son intensos, y con razón. La preocupación parental nace a la vez que tu hijo y dura toda la vida. Aun así, puedes evitar que afecte al modo en que gestionas su comportamiento.

Llevará algo de tiempo, pero cuanto mejor conozcas tus teclas, menos proclive serás a que alguien las toque. En menos que canta un gallo, a tu progenie dejará de atraerle hacerlo. Al parecer, habrá dejado de funcionar.

Hábitos de un adulto bien regulado emocionalmente

Una manera de descubrir cuáles son tus teclas es la introspección atenta, un pequeño examen de tu propio comportamiento. Durante cinco días, anota todas las ocasiones en que la respuesta hacia tu hijo es instintivamente emocional. Descubrirás que, independientemente del contexto, hay ciertos comportamientos que desencadenan en ti una respuesta dura de forma casi automática. La mayoría de estos comportamientos son evidentes, repetitivos y predecibles. Es muy probable que acabes con cuatro o cinco categorías principales y una tabla de conteo.

Apunta también las horas en que estas teclas emocionales son más proclives a activarse. ¿Te las tocan con más facilidad cuando das señales de cansancio, de agotamiento por el trabajo o de agobio? Anota el momento del día en que estás inestable. Hazlo correctamente y, al llegar al quinto día, ya habrás comenzado a reaccionar de un modo diferente. El mismo acto introspectivo hace que tu consciencia entre en acción y empiece a recordarte las cosas.

Una vez detectadas las teclas, puedes empezar a deshacerte de ellas, aunque no siempre resulte fácil. Cuando las teclas se tocan constantemente, la tentación de gritar puede parecer irresistible. En cambio, tú sabes que tienes la capacidad de evitar explotar porque a menudo te encuentras en lugares donde los estallidos emocionales son inaceptables. Tienes la determinación suficiente para no gritarle un «Te puedes meter el trabajo por el...» a tu jefa cuando te envía correos para controlar todas y cada una de las tareas que desempeñas. Te armas de la paciencia necesaria para no berrearle a la cara al señor que pasa las verduras a velocidad de tortuga por el escáner de la caja automática del supermercado.

Tienes la habilidad de controlar las emociones: solo tienes que aplicar esa habilidad con tu progenie.

Es evidente que tu retoño no es tu compañero de compras, ni siquiera tu jefe, aunque a veces lo parezca.

Todo lo que tiene que ver con la crianza es personal y un campo de minas emocional en potencia: «Si sigues haciendo eso, voy a gritar», «Esos golpecitos me vuelven loco», «No soporto que dejes las luces encendidas, me enfurece». Da la sensación de que todas sus decisiones revelan tus carencias como educador y que lo que hacen está ligado a cómo te sientes.

Así que tienes que darte tiempo, más que en el trabajo o la caja automática del súper. Aprende a hacer una pausa. Cuando sientas que las emociones se están acumulando, haz una pausa. Prueba con la respiración 7/11 (cuenta hasta siete mientras inspiras a través de la nariz y hasta once mientras expulsas el aire por la boca) para bajar el ritmo cardíaco. Tómate un segundo para relajar por completo los pulgares* (concentrarte un momento en otra cosa ayuda a alejarse del caos). Esperar no es señal de debilidad.

Prueba a hacerlo ahora que estás en calma. Inspira y espira. Imagina que te alejas de una situación peliaguda y piensa en cómo te sientes. La pausa estratégica debe convertirse en el recurso por defecto en los momentos de alta intensidad dramática, tan predeterminado que dentro de poco nadie tendrá que pensar en ello.

Ensayos previos a la gran noche

Una vez desarrollada tu estrategia, practícala. A menos que ensayes de antemano cómo mantener la calma, no

---

* Reconozco que yo no soy capaz de hacer esto aún, pero...

serás capaz de hacerlo cuando lleguen los momentos complicados.

Considérate un actor que se está preparando para su gran oportunidad. Te estás aprendiendo las frases del personaje principal: el adulto bien regulado emocionalmente. Tu público (tus vástagos) no tardarán en tirarte rosas al escenario mientras recibes la ovación en pie de los vecinos. De momento, el ensayo lo es todo.

En la práctica, esto implica visualizar los momentos difíciles antes de que ocurran. Vuelve a tu lista de teclas y piensa en cómo te sientes cada vez que alguien toca una de ellas. Enfréntate a los momentos difíciles de antemano. ¿Cómo vas a responder?

Con el suficiente ensayo, podrás eliminar casi cualquier cosa capaz de delatar tu respuesta emocional. Obsérvate en el espejo e intenta reproducir tu reacción física habitual. Despójala de todo: la cara de fastidio, el chasquido de la lengua, el encogimiento de hombros, la aspiración de aire entre los dientes... Elimina todo atisbo de agresión o frustración. Que no quede ni pizca de ira, ni chispa de irritación. El ceño fruncido, los labios apretados, los ojos en blanco...

A continuación, céntrate en el tono de voz. Di palabras en voz alta para ver cómo suenan. Repítelas eliminando cualquier rastro de dureza. Observa si eres capaz de decirlas de un modo más controlado, menos combativo y más amable. Imagina que le estás hablando a tu hija mientras su maestra te está escuchando. Elige un tono con el que te sentirías satisfecho en público.

A continuación, piensa en las palabras. Ensaya lo que quieras decir la próxima vez que tus emociones se acumulen. El lenguaje que utilices debe ser desapasionado. Cíñete a los hechos, evita culpar, avergonzar y juzgar. Se puede aprender a ser el progenitor más razonable incluso en las circunstancias más irracionales. Con el tiempo lo conseguirás.

Cubriremos todas estas áreas en detalle más adelante. Por ahora, limítate a reflexionar sobre ellas por un segundo. Puedes aprender a ser inquebrantable e inamovible ante el mal comportamiento. Puedes aprender a dejar de lado tus sentimientos y mostrarles a tus hijos una respuesta racional a su comportamiento. Tus emociones solo conseguirán empañar ese camino.

Estás ensayando el papel de progenitor perfecto y regulado emocionalmente. A la larga, se te olvidará que es un papel que tuviste que fingir.

Cinco formas de mantener el control

- *Antes de intervenir, detente.* Tómate un momento para analizar la situación y pensar en cómo obtener el resultado más satisfactorio para todos.
- *No juzgues la situación inmediatamente.* Es fácil optar por juzgar primero y preguntar después. Sin embargo, el juicio instantáneo tan solo incita a una respuesta defensiva por parte del niño y obstaculiza la verdadera lección. No puedes enseñar nada de un modo adecuado si te precipitas a la hora de sacar conclusiones.

- *Pospón las decisiones.* Sobre todo en lo que respecta a las consecuencias. Acostúmbrate a decir: «Tengo que pensar en lo que va a pasar ahora» o «Volveremos a esto más tarde» (más sobre esto en el capítulo 8).
- *Considera los momentos difíciles tal y como son en realidad.* No son otra cosa que una prueba de tu propio comportamiento, control y habilidad para autorregularte.
- *Recompensa tus éxitos.* Date una palmadita en el hombro cada vez que consigas gestionar con éxito una situación en la que antes te hubiera embargado la emoción. Se sienten un verdadero bienestar y satisfacción cuando te das cuenta de que hay otro modo de hacer las cosas y que es mejor para todos.

La campana de Pavlov

Es necesario reflexionar también sobre qué hábitos cotidianos nos inducen a gritar, aunque sea sin darnos cuenta. En el caso de algunas familias, los gritos superfluos son los que hacen que se intensifiquen las emociones. No se grita por enfado, sino por conveniencia.

En estas casas, gritar es un mando a distancia. Significa que no tienes que moverte del sitio, que puedes gritar órdenes y dar por hecho que han sido escuchadas, interiorizadas y cumplidas. De este modo estás exento de responsabilidad y el niño tendrá la culpa si no ha obedecido y hecho de inmediato lo que se le ha dicho.

Mejor aún, te has ahorrado el viaje escaleras arriba, cruzar la sala de la tele y recorrer el pasillo.

Sin embargo, esta estrategia puede tener consecuencias imprevistas. El primer grito puede ser bastante informal. El segundo será más imperioso. La tercera vez que grites, lo harás a voz en cuello y añadiendo un toque de irritación. Esto suele provocar las siguientes respuestas: «¡¿Qué?!» o «¡¿Por qué me gritas?!» o «¡¡¡LLEVABA LOS PUTOS CASCOS!!!». En cuestión de segundos, todo el mundo ha perdido la calma.

Gritar es un falso ahorro. Te ahorras unos pasos en el momento, pero no es nada rentable en el futuro. Así pues, haz tuya la máxima «Nosotros no gritamos». Deja de usar el mando a distancia. Levántate, camina hasta donde tengas que ir y habla, no grites, aunque solo sea para comunicar la buena noticia de que la cena está lista. Cuando vayas y hables con las personas con quienes tengas que hacerlo, acabarás de inmediato con las voces en casa. Las peticiones serán más calmadas, atendidas con más gracia y satisfechas con menos gruñidos. Todo el mundo se acostumbrará a hablar cara a cara.

Ni que decir tiene que hay ocasiones en que no es posible dedicar diez minutos a reunir pacientemente a todo el mundo. Para esas ocasiones se requiere una campanilla, como la que quizá usaran tus profesores de primaria en el patio.

Me explico: una campanilla suena fuerte, se reconoce al instante y no depende de una interfaz digital ni de que nadie decida cuándo quiere leer un mensaje. Establece lo antes posible en la vida de tu hijo la asociación entre la campanilla y que la comida está lista. Tócala antes de cada comida, aun cuando la criatura sea tan pequeña que se siente en la trona. Repite la conexión positiva entre la campanilla y la comida y tus vástagos acudirán corriendo cada vez que la oigan. De este modo, se elimina el estrés de intentar terminar de cocinar mientras se llama a todo el mundo a la mesa.

Esta acción implica además que estás condicionando deliberadamente a tu pequeño humano a la campanita, lo cual resultará muy útil si necesitas hablarle del estado de su habitación, de por qué no ha hecho los deberes o de por qué hay un peluche colgando de una soga por la ventana. Una vez arraigada la rutina de la campanita, puede utilizarse para convocar a los niños por cualquier motivo.

Ojo, no debes abusar de ella. Si se utiliza con moderación por motivos no relacionados con la comida, se aceptará. Sobre todo si hay una galleta de sobra a mano para reafirmar el desencadenante campanilla-comida. Tócala a todas horas y la campanilla perderá su magia.

Saber cuándo alejarse, saber cuándo huir

Tal vez no siempre sea posible poner cara de póquer. Tu hijo te está leyendo constantemente y con pericia de experto. Aunque creas que controlas todas las señales físicas capaces de revelar tu frustración, si por dentro aún estás en ebullición, es inevitable que te delates.

Las microexpresiones son difíciles de ocultar. Me refiero a las señales no verbales que expresan estrés, frustración o ansiedad. Un ceño fruncido, un tic en la comisura de los labios o morderse la lengua son algunas de ellas. Durante una conversación difícil es probable que tu hijo esté hipervigilante. Quizá esté buscando cualquier pista capaz de revelar cómo te ha afectado su comportamiento.

Si tus microexpresiones revelan tus verdaderas emociones, el niño verá que estás luchando por mantener la calma. Te notará controlado y descontrolado a la vez.

Así pues, habrá momentos en que sea necesario alejarse de una conversación para proteger a todo el mundo. Pero no te vayas haciendo aspavientos. Explica que necesitas tiempo para recapacitar sobre qué hacer a continuación. Deja todas las opciones abiertas (es decir, no digas: «Bueno, me voy a idear el castigo más malvado del mundo para vosotros»). Averigua qué te ayuda a hacer una pausa, recomponerte y reaccionar con serenidad. Practica cómo regularte incluso en medio de una crisis.

Durante este tiempo, vuelve a plantear el incidente en tu cabeza antes de intentar abordarlo. Obsérvalo con más distancia. ¿De qué se trata realmente y por qué te ha irritado tanto? ¿Qué límite debes subrayar? ¿Cómo puedes abordar el comportamiento sin atacar el carácter de tu hijo? ¿Cuál podría ser la mejor solución para todos?

Racionaliza lo que sea que tengas delante. Resiste el impulso de dejarte llevar por las emociones. Es solo un comportamiento, un instante. No significa nada y no es señal de que seas un educador terrible.

Hasta podría ser una oportunidad. La coyuntura ideal para comprobar si el tipo que ha escrito este libro tiene razón. Primer principio: cuando los padres cambian, todo cambia.

PONTE A PRUEBA

- Rétate a ti mismo a pasar toda una semana sin proferir un grito. Sin pasar de cero a cien, sin reprimendas a todo volumen, sin explosiones verbales desproporcionadas. Si puedes hacerlo una semana, podrás hacerlo dos. Quizá más.

TEN EN CUENTA

- Las recaídas. Puede que al principio solo grites una o dos veces. No dejes que un mal día acabe con tu determinación. Vuelve al buen camino y revisa de qué otra manera podrías reaccionar para la próxima.
- No relaciones la ausencia de gritos con no intervenir. Hay que abordar el mal comportamiento, pero de otra manera. No abandones tus normas habituales. Se trata de exigir su cumplimiento sin atisbo de enfado, frustración o pánico.
- No pienses que has descifrado tu regulación emocional en pocos días. Como todo en la vida, hace

falta práctica y un compromiso diario con la serenidad. Tus emociones pueden secuestrar inesperadamente tu enfoque racional en cualquier momento. La regulación emocional es un reto diario.

PÍLDORAS INFORMATIVAS

- Crea un espacio de calma donde puedas mantener tus emociones bajo control. Para muchos, ese lugar es el baño, pero espero que haya también otras opciones mejores. Utiliza tu lugar de calma cuando tu comportamiento sea inestable y tengas las emociones a flor de piel. Coloca en ese lugar una nota con las razones por las que has decidido hacerte con el control de tus respuestas emocionales y recuérdatela cada vez que estés al límite.
- Intenta mirarte en un espejo después de un momento emocionalmente intenso. Comprueba si detectas alguna señal física que pueda delatar tu respuesta emocional. Luego practica: adopta una cara de póquer para corregir el comportamiento y vuelve a comprobar tu lenguaje corporal.
- El sueño y la regulación emocional son viejos amigos. A mayor descanso, más calma. Soy consciente de que, si ahora mismo estás durmiendo con un niño de tres años, con otro de diez, que encima está enfermo, y con el perro, es muy probable que

no puedas resolver el problema de la falta de sueño y, francamente, que te lo señalen una y otra vez no ayuda... Vale, vale, me callo... Pero si puedes dormir más, aprovéchalo e incrementa tu estado de paz.

2
ASÍ SE HACEN AQUÍ LAS COSAS
Una crianza coherente bien hecha

Gran parte de la crianza es improvisación. Las respuestas al mal comportamiento dependen del día, del estado de ánimo, de cuánto se haya dormido la noche anterior, de la capacidad de empatía del momento, de cuántas veces haya ocurrido lo mismo antes, de cuántos cafés hayas tomado o dejado de tomar y de un millón de variables más.

Es un asunto peliagudo. Inventar la respuesta sobre la marcha puede antojarse una improvisación de *free jazz*. Tu retoño tendrá una sensación de impredecibilidad e incoherencia.

Los adultos imprevisibles no transmiten seguridad a los niños. Es difícil confiar en ellos y transfieren mensajes irracionales sobre las normas de comportamiento. Un día se espera una disciplina militar y se introducen nuevas rutinas. Al día siguiente, se ignoran todos los malos comportamientos. Al otro, sobreviene un tsunami de emociones en respuesta al comentario más inocuo. Los niños empiezan a andarse con pies de plomo. En un intento desesperado de no provocar al adulto, su comportamiento cambia. Se vuelven más reservados, más furtivos, y comienzan a concentrar su energía en que no les pillen.

Nada de esto es deseable. Nada de esto enseña un gran comportamiento. Los niños necesitan sentirse emocionalmente seguros en su propia casa. Esto significa que deben esperar respuestas sosegadas y predecibles. La coherencia es fundamental. Es la que alimenta la sensación de crecer con apoyo, y esa sensación no desaparece cuando van a la escuela o llegan a la adolescencia. A un niño con una educación así, acostumbrado a tener un lugar seguro, le resulta fácil adaptarse y resistir ante la adversidad, explorar el mundo y asumir riesgos moderados.

Sin un plan para asegurar la coherencia, la crianza airada y caótica puede acabar normalizándose rápidamente, y los niños aprenden a lidiar con la imprevisibilidad. A menudo encuentran formas poco ortodoxas de hacerse con el control. Cuando luchan por el poder mientras tú intentas hacer lo mismo, el conflicto es inevitable.

Si quieres transformar su comportamiento, tus hijos necesitan estructura y límites, además de sentirse seguros y queridos de forma constante. No se trata de un truco para un apaño temporal: tiene que ser un plan a largo plazo que pueda desarrollarse y crecer a medida que ellos lo hacen.

Hay que definir «cómo se hacen aquí las cosas». Así se identificarán los elementos coherentes en el hogar y todo el mundo dará lo mejor de sí. No es una lista de castigos y recompensas, sino algo mucho más útil.

Cómo lo hacemos aquí

Imagina un cartel sobre la puerta de entrada que dijera: «Así se hacen aquí las cosas». Los comportamientos que te funcionan fuera de estas paredes no están bajo tu control directo, pero cuando atraviesas esta puerta, todo el mundo sabe que «Así se hacen aquí las cosas». Definidlo, acordadlo y pegadlo en la nevera si queréis.

Cuando digo «Así se hacen aquí las cosas» no me estoy refiriendo exclusivamente a una lista de normas y rutinas ni a una serie de mantras y guiones que dicten qué decir y cuándo y cómo decirlo. Pueden resultar útiles y hablaremos de ellos más adelante, pero de momento nos centramos en algo más básico: el clima de tu hogar. Eso es lo que describe la frase «Así se hacen aquí las cosas».

Cuando el comportamiento se torne inestable, vuelve a este clima y utiliza el mantra para que todo el mundo recupere el norte. «Acuérdate de que aquí no se hacen así las cosas»; «No puedes llevarte la comida arriba, aquí no se hace así»; «Aquí no le decimos "los cojones" a la abuela».

Utiliza el «Así se hacen aquí las cosas» para darte cuenta también de cuándo tu hijo lo está haciendo de maravilla: «Gracias, así es como se hacen aquí las cosas»; «Has hecho eso sin que te lo pidiera: estupendo, así se hacen las cosas aquí»; «Veo que has sido precavido al llevar eso. Bien hecho, así se hacen las cosas aquí».

Es un lema extraordinariamente flexible y adaptable a cualquier situación. No requiere improvisación ni habilidades sobre la marcha.

Con «Así se hacen aquí las cosas» tu hijo recibe la misma respuesta un lunes por la mañana y un viernes por la tarde, independientemente de tu estado de ánimo, de tu ingesta de cafeína o de la fase de la luna. Es fundamental que las respuestas sean siempre las mismas. De lo contrario, todo el trabajo invertido en que haya coherencia en el hogar se puede echar a perder muy rápidamente. En una aletargada mañana de domingo es facilísimo ser permisivos y hacer la vista gorda ante comportamientos que entran en conflicto con el «Así se hacen aquí las cosas». En el momento parece la opción más fácil. A fin de cuentas, a todos nos gusta la vida tranquila, es domingo y la noche ha sido un poco dura. Pero al llegar el lunes nos preguntamos por qué tenemos que renegociar acuerdos establecidos hace tiempo y por qué se ha desatado un motín el miércoles.

«Así se hacen aquí las cosas» es también la respuesta perfecta al grito constante de «Los padres de mis amigos les dejan comer en el sofá / vapear en casa / inhalar un paquete de gominolas antes de cenar / salir hasta las cinco de la mañana / desayunar Monster / pinchar al perro con una espátula». Significa que eres capaz de defender las normas en tu propia casa sin que te arrastren a comparaciones imposibles con los demás: «Puede que en su casa lo hagan de esa manera, pero aquí lo hacemos así».*

El principio de «Así se hacen aquí las cosas» parece fácil de establecer. Sin embargo, como sucede con todo acto de coherencia, hay que pulirlo a diario hasta convertirlo en una parte normal de la vida cotidiana. La subida es dura, pero la alegría de alcanzar la meseta merece el esfuerzo. Sabrás que el principio se ha asentado correctamente cuando oigas a tus hijos decirles a sus amigos: «¿El maquillaje de mamá está en la batidora? Pues no sé si es así como hacemos aquí las cosas».

Coherencias en la crianza

Es fácil malinterpretar el principio de «Así se hacen aquí las cosas». El clima del hogar no surge de una hoja de cálculo detallada (no lo hagas) que describa cada comportamiento y situación (en serio, no), sino del comportamiento coherente de los adultos. Cambiar el ambiente de tu casa empieza por ti.

Así pues, depende de ti definir tu propio clima de coherencia. Empieza por pensar cómo responde tu plan a los problemas habituales: niños que no siguen instruc-

---

* Es curioso que los padres de los demás parezcan siempre unos liberales sin límites que aman la libertad, que duermen cuando quieren, fuman porros en la cena y se pasan al menos dieciséis horas al día delante de una pantalla. Por supuesto, son mejores progenitores de lo que llegaremos a ser nosotros. Los imaginarios siempre lo son.

ciones, que son maleducados o que no limpian lo que ensucian. En lugar de intentar apagar fuegos concretos, piensa de forma más estratégica. Esboza un proyecto de plan. En capítulos posteriores analizaremos en detalle estas categorías más amplias, pero, de momento, empieza a pensar en un par de respuestas para cada pregunta.

- ¿Cómo nos comportamos los adultos?
- ¿Cuáles son los valores por los que nos regimos?
- ¿Cuáles son las rutinas clave?
- ¿Cómo afrontamos los conflictos?
- ¿Cómo quieres que sea el clima?

Cuando tengas las respuestas, párate a escribirlas. Saca las expectativas de tu cabeza y ponlas en un papel. El objetivo es que estén siempre claras: tu coherencia depende de ello. En lugar de enseñar a tu hijo cuál es el comportamiento correcto diciéndoselo cuando comete un desliz, puedes darle la información por adelantado. Toda la información. Eso sí, haz que parezca que lo has planeado y no que lo has sacado del cuestionario de un libro.

Esto requiere tiempo. Se necesita persistencia para conseguir la coherencia necesaria. Si en el momento de leer esto sois primerizos, tenéis tiempo de planificar, ¡menos mal! Si, por el contrario, lo estás leyendo porque tu estrategia para el comportamiento no ha funcionado, necesitarás un plan y una determinación férrea para crear coherencia a partir del caos. En este caso, los pasos serán pequeños, pero de tal consistencia que nunca tendrás que dar marcha atrás. No vas a cambiar las cosas en veinticuatro horas, te llevará semanas y meses.

La planificación parece una cosa relegada al trabajo que no tiene cabida en el hogar, pero es vital. Sin ella, los resultados con respecto a tu progenie serán imprevisibles y azarosos.

Cinco ámbitos de coherencia

- *Expectativas coherentes.* El comportamiento que esperas de tu hijo no debe ser mejor que el que esperas de los adultos. Define tus expectativas. Que sean sencillas, claras y fácilmente transferibles a cualquier situación.
- *Coherencia emocional.* Estar emocionalmente disponible cuando todo va bien es fácil. Mantener esa disponibilidad en los momentos difíciles es más complicado, si bien es algo en lo que se debe trabajar. Si estás frustrado, molesto o enfadado, es probable que te cueste empatizar con tu hijo o incluso leer sus emociones con precisión.
- *Coherencia audible.* ¿Qué le dices a tu hijo para que vuelva a cumplir las normas (sobre las que hablaremos más adelante)? Esas mismas frases deben repetirse una y otra vez. Cuando tu hijo te diga: «Vale, ya basta, conozco las normas», sabrás que esa coherencia audible está empezando a dar sus frutos.
- *Rutinas coherentes.* Las rutinas ahorran tiempo y desalientan el conflicto. Una vez aprendidas, se consensúa el proceso y acepta la conducta. El comportamiento se automatiza. Como veremos más adelante, iniciar

---

una nueva rutina requiere esfuerzo, pero, una vez implantada, ya no serán necesarias largas negociaciones ni correcciones. Las rutinas son sencillas, lógicas y hacen que la vida sea predecible.

- *Tranquilidad constante.* Cuando el comportamiento es deficiente y las personas se sienten inestables, es importante que la manera de resolver las cosas sea un proceso tranquilo. Cuando se ha consensuado un modo de gestionar el conflicto que incluye pasos acometidos con calma, dirigidos a reparar y reconstruir las relaciones, todo el mundo sabe qué esperar. Ya no buscarás el mayor castigo, sino la mejor conversación.

Juicios precipitados

La toma inmediata de decisiones es enemiga de la coherencia. A veces, es necesario dedicar un momento a tomar distancia y reflexionar sobre los fundamentos de «Así se hacen aquí las cosas». Si respondes impulsivamente a cada situación que se presenta, esa coherencia básica se irá al garete en un santiamén.

No hay progenitor que no lo haya experimentado. Todos hemos tenido momentos en los que un juicio precipitado nos ha dejado avergonzados, con una criatura enfadada y una disculpa pendiente. El problema consiste en que nuestra percepción inmediata de los hechos nos falla, a menudo en momentos críticos.

Cuando era un joven profesor, las prisas a la hora de juzgar me sorprendieron muchas veces. Recuerdo una charla con un grupo de alumnos mayores a los que no conocía bien y que me miraban con gran desconfianza. Cuando me alejaba de ellos, y tras la consabida discusión sobre dónde deberían estar y qué clase tenían a continuación y «¿huelo a humo/vaper/alcohol o es otra nueva fragancia de desodorante?», oí que uno de ellos me mandaba a la mierda. Me di la vuelta inmediatamente e identifiqué al culpable, Ismail, a quien acompañé al despacho del director. Nos siguió el resto del grupo, que protestaba enérgicamente alegando mi error al identificar al infractor y que a punto estaba de grabar apresuradamente una canción de protesta y lanzar una petición.

Al llegar al despacho del director, algo nervioso y sin aliento, expliqué que había sido víctima de «lenguaje abusivo» por parte de ese joven. El director, en una muestra de apoyo total e incondicional a su nuevo colega, decidió enviar a Ismail a casa y empezó a redactar una carta dirigida a la madre del joven, si bien manifestó estar sorprendido, puesto que Ismail no había recibido nunca un castigo. Salí de la oficina y pasé por delante de los agitadores, convencido de que se había hecho justicia.

Al final de la jornada, me pidieron que volviera al despacho del director. Supuse que querrían preguntarme por mi bienestar tras un día difícil, nada más. Me equivocaba. Lo que querían era preguntarme de nuevo quién me había mandado a la mierda y cómo había ocurrido exactamente. Me molestó un poco que se pusiera en duda mi juicio, que ya había sido aceptado. Volví a dar las explicaciones pertinentes, pero caí en la cuenta de que estaba de espaldas cuando oí el comentario. Al girarme, era Ismail quien se reía y quien captó mi atención de inmediato. Supuse que había sido él y que los insultos iban dirigidos a mí. Me había equivocado. Los otros chicos le habían explicado pacientemente al director que los insultos no eran de Ismail y que no se referían a mí en absoluto.

Había acusado falsamente a uno de los alumnos más amables, aplicados y humildes. Sus amigos no le iban a la zaga y, lejos de ser los sospechosos habituales que merodean por los pasillos durante las horas de clase, en realidad estaban esperando a un docente que les había pedido que se ofrecieran voluntarios para un proyecto especial.

Un desastre. Mi juicio precipitado casi provoca una expulsión bajo falsos pretextos y había dañado sin duda mi relación, mi reputación y mi coherencia a ojos de estos alumnos. Tardé mucho tiempo en reparar ese daño y no dejaron nunca de regodearse al recordar mi «entusiasmo juvenil por el castigo».

Hacer juicios rápidos no trae ningún beneficio. De nuevo, la solución es detenerse. Hacer una pausa. Tomarse el tiempo necesario para recapacitar y no forzarse a tomar decisiones urgentes se traduce en resultados mejores y más coherentes. También significa que no haces promesas que no puedes satisfacer ni amenazas que no vas a cumplir. Tu coherencia depende de la toma de decisiones racionales, no de respuestas en caliente por las que te pasas el resto del día, la semana o la vida pidiendo disculpas.

Ganar tiempo

En definitiva, acostúmbrate a utilizar algunas frases hechas para frenar tu precipitación natural a la hora de juzgar. Cada una de ellas te permite ganar algo de tiempo sin parecer indeciso ni débil. Si utilizas deliberadamente «yo» y «nosotros» en lugar de «tú» y «vosotros», evitarás que tu progenie sienta que ya has tomado una decisión. «Necesito pensar sobre lo que hemos dicho» es mejor que «Necesito pensar en lo que acabas de decir». Necesitas este tiempo para reflexionar sobre lo ocurrido. Un poco de perspectiva resulta muy útil, sobre todo cuando la situación se caldea.

Tu hijo se acostumbrará rápidamente al mantra y a la pausa. Lo verá como un futbolista ve el VAR. Es un espacio que permite tomarse un tiempo para ver las cosas desde todos los ángulos antes de buscar una solución al problema.

Estas frases te permiten mantener la coherencia incluso cuando no tengas ni idea de qué hacer. Te dan la oportunidad de pensar: «Vale, esto no va bien, ¿qué voy a decir para darle la vuelta?».

Cometerás menos errores. Te disculparás menos y no tendrás que reparar los daños con tanta frecuencia.

Coherencia en la crianza compartida

Una vez trabajé con un instituto enorme para alumnos de dieciséis a dieciocho años que se enfrentaba a una dificultad muy concreta: los estudiantes no paraban de sentarse en los pasillos a comerse el almuerzo. Era un problema. Había comida tirada por todas partes, piernas que estorbaban cuando la gente necesitaba pasar y constantes enfrentamientos entre el personal y los estudiantes.

Acordamos un planteamiento coherente, casi guionizado, para todo el personal y también que nadie pasaría por delante de ningún malhechor que estuviera comiendo en el pasillo sin hacer nada, bajo ningún concepto. Los profesores debían detenerse, confrontar educadamente a los alumnos e invitarles a llevarse sus fideos, sus extraños aperitivos japoneses o sus crujientes sándwiches de cóctel de gambas a la calle. Al cabo de una semana, la situación había mejorado notablemente. El personal informó de que había menos alumnos comiendo dentro y menos basura, y de que la libertad de movimientos volvía a los pasillos. Llegado el final de la segunda semana daba la sensación de que todos lo habían entendido.

Sin embargo, se trataba de un espejismo. Alguien vio a un miembro del equipo directivo pasar sin hacer nada por delante de un nutrido grupo de estudiantes que se comía el almuerzo sentado en el pasillo. La noticia se extendió entre el personal como la pólvora. Al enterarse de la noticia, un número significativo de compañeros abandonó al instante su actitud coherente y empezó a pasar de largo. Argumentaron que, si la dirección no iba a intervenir en todas las ocasiones, ellos tampoco sentían la necesidad de hacerlo. Al final de la tercera semana la situación estaba igual que al principio, con los pasillos repletos de estudiantes, comida de plástico y piernas donde no toca.

Esta situación no se aleja mucho de la dinámica entre algunos progenitores que comparten la crianza de los hijos. La coherencia implica mantenerse firmes, ya sea en un centro de dos mil estudiantes o en un hogar de dos personas. La crianza compartida es un deporte de equipo.

Los niños se aprovechan fácilmente de las faltas de coherencia. Las lagunas crean un espacio para las travesuras. Hay desacuerdos que se pueden aprovechar para conseguir algunas ventajas: desde enfrentar a un progenitor con el otro («Pero él me dijo que podía hacerlo») hasta preparar el camino para acabar dividiendo a ambos («¿Te has quedado a dormir alguna vez en casa de un amigo cuando sus padres no estaban? Porque mi padre dice que él sí»).

Si quieres que el clima de tu hogar sea coherente, tiene que haber un plan. Es de vital importancia que ambos educadores compartáis la idea de «cómo se hacen aquí las cosas». Poneos de acuerdo antes de intentar marcarle los límites a vuestro hijo.

Este mismo principio sirve para progenitores separados, aun cuando haya entre ellos rencillas enconadas. Los adultos incapaces de comunicarse pueden crear abismos entre sí, lo cual deja al niño un espacio malsano del que aprovecharse sin ningún tipo de control. El sentimiento de culpa puede llevar a bombardear a los niños con regalos y dinero mientras el nivel de animadversión invalida a ambas partes como modelos emocionales. Algunos niños crecen muy deprisa en los espacios que separan a sus progenitores. Esto, unido al trauma estándar de la separación y el apego, basta para echar por tierra cualquier coherencia que se hubiera establecido previamente. El niño tiene que arreglárselas solo —a menudo, incluso crecer solo— mientras ve cómo sus padres lo utilizan como aval en su perenne afán de quedar por encima del otro.

Esto no significa que los progenitores que permanecen juntos estén fuera de peligro. También en este caso los roces entre los adultos pueden complicar las cosas. La coherencia en el hogar no debería depender nunca de lo que los progenitores sientan cada día el uno por el otro. Estar molesto con tu pareja son riesgos laborales propios de cualquier relación, pero no puedes dejar que afecte al trato con el niño.

Tu hijo necesita una coherencia que esté por encima de los altibajos de la dinámica entre los adultos. El hecho de que a ti te enfurezca que tu pareja haya cargado el lavavajillas como un chimpancé no significa que tu hijo se merezca ser el destinatario de tu reacción emocional.

Asume tus responsabilidades

El principio más importante para garantizar la coherencia en la crianza compartida es que cada progenitor se ocupe de los comportamientos que se le presenten sin delegar en la otra persona.

Cuando era un joven profesor, me sorprendía siempre que los estudiantes a los que expulsaba del aula tuvieran que responder ante una autoridad superior y nunca ante mí. Recuerdo estar trabajando en un colegio muy conflictivo donde el comportamiento se iba fácilmente de las manos. Un día, le pedí con amabilidad a David que se quitara el abrigo y esto provocó una situación que subió de temperatura en un segundo. Tras explicarme a voz en cuello por qué no iba a «quitarse el puto abrigo por nadie», se puso a correr por encima de los pupitres como un guerrero ninja, le hizo un agujero a la puerta del armario de una patada y saltó por la ventana (por suerte, estábamos en la planta baja). A continuación, procedió a sentarse encima del coche del director hasta que este se asomó a la ventana y lo suspendió de inmediato.

Mientras veía cómo se desarrollaba el drama, supe que el castigo se decidiría en una reunión que tendría lugar justo enfrente de mi aula, así que decidí acompañar al alumno. Al fin y al cabo, era yo quien iba a tener que volver a ejercer como su profesor y quien tendría que pedirle de nuevo que se quitara el abrigo al día siguiente por la mañana.

Llamé a la puerta justo cuando empezaba la reunión y el director, que acudió a abrirla mínimamente, se asomó por la rendija.

—¿Qué se le ofrece, señor Dix? Estamos a punto de dar comienzo a una reunión importante.

—¿Puedo entrar? Este asunto ha empezado en mi clase y quiero asegurarme de que...

—No, señor Dix; este tema trasciende sus competencias.

Acto seguido, me cerró la puerta muy despacio en las narices.

Me había llevado mucho tiempo establecer mi autoridad con David. No necesitaba que otra persona se encargara de su comportamiento. Esta jerarquía no me ayudaba a establecer una dinámica coherente con mis alumnos. Por el contrario, me estaba socavando.

Los progenitores también crean jerarquías de este tipo. Cuando traspasas la responsabilidad del comportamiento de tu hijo a tu pareja, te estás menoscabando a ti mismo. «Espera a que llegue a casa tu madre/padre» es pasar la pelota. Significa que otra persona está por encima de ti en la jerarquía.

Esto no te beneficia tanto como pudiera parecer. Obligar a uno de los progenitores a ser el poli malo no significa que el poli bueno salga indemne. No te sorprendas entonces cuando tu hijo empiece a responder más rápido ante la otra persona que ante ti. Puede que hasta mire por encima de tu hombro para ver cuándo llega quien manda de verdad. Y no quieres que eso pase.

Asumir constantemente tus responsabilidades es mucho trabajo, sobre todo si estás acostumbrado a que lo haga otra persona, pero el esfuerzo no es inútil. Se trata de una inversión en el niño que compensa siempre. Si delegas las situaciones difíciles en otra persona, tu relación con tu hijo nunca se desarrollará. Tu habilidad como educador depende de ello.

El nirvana de la crianza compartida

Asumir tus responsabilidades plantea dudas. El otro progenitor y tú no sois la misma persona: ¿cómo es posible entonces mantener la coherencia? Es imposible que la tolerancia hacia el mal comportamiento tenga una coherencia sin fisuras cuando hay dos adultos. Es fácil hacerse un lío intentando recordar qué consecuencia corresponde a cada falta.

Por lo tanto, olvídate de las largas listas de la Respuesta 31.6.2 a la Conducta 408c y céntrate en ser coherente en cuanto a tu respuesta emocional. Que esta sea tranquila, comedida y racional. Siempre. Si tu respuesta es coherente cuando la tolerancia flaquea, nadie saldrá herido.

Tu hijo no tardará en darse cuenta de que ambos adultos siempre hacen cumplir las normas de manera individual. Cuando los niños se dan cuenta de que van a tener que responder sí o sí por su comportamiento, lo modifican. Dejan de correr de un progenitor a otro o de intentar evitar las consecuencias. Dejan de ser groseros contigo o de pensar que tus órdenes no importan. Cuando asumes tus responsabilidades, no hay necesidad de buscar una «autoridad superior» ni de sugerirle al niño la existencia de tal autoridad. Cuélgate un cartel al cuello, cómprate una camiseta o, mejor aún, hazte un tatuaje que te cubra el pecho: «La responsabilidad es mía».

8/10

Llegado este punto puede que empieces a reflexionar sobre tus propias incoherencias y, al mismo tiempo, me mires de reojo. Esperar que todos los educadores sean totalmente coherentes las veinticuatro horas del día no es realista. Tienes razón. Todos tenemos nuestros momentos. Yo desde luego tengo muchos. La buena noticia es que no necesitas ser un 10/10. Con ser un 8/10 basta. Hazlo bien ocho de cada diez veces y parecerás coherente, fiable y, quizá lo más importante, predecible.

Si consigues mantener la calma, ser coherente, juzgar con lentitud, seguir el plan y dar en el clavo ocho de cada diez veces, tu retoño te perdonará las dos ocasiones en las que respondas con frustración o te comportes de forma ligeramente irracional.

Así pues, cuando tengas una recaída (y la tendrás), no la utilices como excusa para darte un atracón y gritar todos los cabreos que te has estado conteniendo, enumerar todos los defectos de tu hijo o imponer tres docenas de castigos crueles e inusuales. Sacúdete el polvo y vuelve a la carga inmediatamente. Reconoce tu error, discúlpate si es necesario y vuelve a tu plan. Lo que importa es la configuración por defecto que has establecido. Ocho de cada diez es una crianza coherente bien hecha.

PONTE A PRUEBA

- Empieza por la cena. ¿Sabe todo el mundo «cómo se hacen aquí las cosas»? Fíjate en los aspectos clave: cuándo podemos empezar, cómo pasamos los platos, cómo mostramos que hemos terminado, qué hacemos si algo no nos gusta, cuándo podemos levantarnos de la mesa y qué temas no son adecuados mientras la gente está comiendo. Mejor aún, cuando venga un invitado a cenar, pídele a tu hijo que explique cómo se hacen aquí las cosas. ¿Comprende todo el mundo el clima que intentas crear?

TEN EN CUENTA

- No compliques demasiado las cosas haciendo una lista enorme de expectativas que nadie es capaz de recordar y mucho menos cumplir. La confusión alimentará la incoherencia.
- No hagas demasiado hincapié en las partes del acuerdo que aún no se cumplen a la perfección. Genera confianza en la coherencia consensuada destacando en primer lugar los aciertos. No dejes que el mal comportamiento te ciegue ante las cosas buenas.
- No apartes el ojo de la pelota pensando que el principio «Así se hacen aquí las cosas» ha arraigado. Lleva tiempo, sobre todo si es un marco de referencia introducido hace relativamente poco.

PÍLDORAS INFORMATIVAS

- Escribe tu lista de «Así se hacen aquí las cosas». Los acuerdos que no se escriben son solo deseos. Hazla con tu progenie al lado si quieres, pero no permitas que tus normas se diluyan: al fin y al cabo, es tu casa.
- Conseguir establecer un clima de coherencia y que este arraigue significa esforzarse cada día. No puedes permitirte que la enredadera de las viejas costumbres empiece a crecer y a ganar terreno. Limpia las malas hierbas todos los días. No permitas que te aparten del camino.

3
CRIANZA POSITIVA Y RELACIONAL

Se obtienen más resultados del comportamiento que más llama la atención

La solución definitiva al comportamiento de tu progenie reside en la relación que tengas con ella.

La idea de tener que construir de manera deliberada una relación con tus hijos puede parecer extraña. Muchas personas asumen que se trata de una relación que surge de forma automática, que la conexión genética es suficiente o que tanto cambiar pañales, darles de comer y mimarles te da derecho a un nirvana relacional.

Es fácil imaginar que tu hijo te perdonará cualquier cosa. No es así. Si tu plan para el comportamiento se basa en la idea de que vuestra relación es inquebrantable, tiene malos cimientos.

Para que la relación con tu hijo sea lo más sólida posible, necesitas prestarle una atención constante y cuidadosa, como sucede con cualquier otra relación. Las relaciones fuertes no son accidentales ni circunstanciales. Cambian y a menudo fracasan cuando dejas de trabajar en ellas.

En el caso de la relación con tu hijo, ese trabajo se basa en los hábitos cotidianos. No se trata de grandes gestos («Sé que hace meses que no hablamos, pero ¡mañana nos vamos a DISNEYLAND!») ni de grandes conversaciones («Puede que solo tengas seis años, pero tenemos que hablar de tus opciones vitales: ¿te has planteado la posibilidad de hacerte contable colegiado?»). Las relaciones se construyen con pequeñas acciones cotidianas.

Sobre todo, se construyen a partir de los elementos del comportamiento de tu hijo en los que decides fijarte. Puedes centrarte en las normas y los límites todo lo que quieras, pero lo que más afecta al monólogo interno de los niños es lo que comentas. La forma en que le hablas a tu hijo es importante. Aquello en lo que te fijas respecto a su comportamiento es lo más importante de todo.

Reconocimiento positivo

Si tu antena de crianza busca sin parar ejemplos de errores, desorden y mal comportamiento, los encontrará. Constantemente. Si, por el contrario, centra la atención en los comportamientos correctos de tu vástago, en cuando corrige sus propios errores y recoge el desorden, también los encontrará con facilidad.

No se debe a un truco de magia ni a un autoengaño del pensamiento positivo. Cuando te fijas en las cosas buenas y se las cuentas a la gente, cambias la forma de pensar de tu hijo. Pillarlo haciendo lo correcto tiene un impacto mucho mayor que sorprenderle haciendo lo incorrecto.

Cuando se le dice a un niño que es travieso, malo, caótico, agresivo, difícil o problemático con la suficiente frecuencia, no solo acaba creyéndolo, sino filtrando todos sus pensamientos a través de estas ideas. Goteo, goteo, goteo. Dile a tu hijo que es decidido, diligente, ingenioso, creativo y amable y empezará a reflejarlo. Goteo, goteo, goteo.

El objetivo es reconocer pequeñas cosas a diario. Obtienes más resultados del comportamiento en el que más te fijas. Las etiquetas permanecen. Las etiquetas que ponen los padres, aún más.

Con el tiempo, los hermanos, otros miembros de la familia e incluso desconocidos se hacen eco de esas percepciones («Qué traviesa es, ¿verdad?»; «Son terribles a esa edad»; «Esos ojos son los de un asesino con hacha», etcétera). Muy pronto, todas las personas que rodean al niño filtran sus opiniones a través de lo que tú captas. Una mala etiqueta afectará a todas sus relaciones, por muy espontáneamente que surgiera.

Tienes que asegurarte de que todas las etiquetas que le describan sean positivas. Tienes que asegurarte de que todo el mundo le vea a través de un prisma positivo.

El reconocimiento positivo no solo es importante durante la infancia. Tiene efectos que pueden durar años, incluso décadas. Las etiquetas negativas son juicios que se hacen en un momento y se perpetúan, a veces de por vida.

A una amiga mía esto le recuerda a su abuela, de ochenta y nueve años, quien siempre dice que ha fraca-

sado en la vida. Menciona constantemente los comentarios de sus antiguos boletines de notas, donde se leía que «podía hacerlo mejor». Le han dejado la impresión indeleble de que nunca ha hecho nada bien. La verdad, por supuesto, es que ha conseguido mucho, algo evidente a ojos de cualquiera que la conozca. Sin embargo, esto no ha sido capaz de verlo nunca.

Lo que les dices a tus hijos es muy importante porque la forma en que les hablas es la forma en la que se hablarán a sí mismos. Señalar repetidamente sus defectos les provoca un monólogo interior que nadie querría para su hijo. Las historias que les cuentas sobre sí mismos conforman su autoimagen y su futuro.

Fíjate en las pequeñas cosas

El reconocimiento positivo implica fijarse en las cosas pequeñas.

Hace unos años, fui a una gasolinera y pagué como de costumbre. No estaba muy atento cuando le di la tarjeta al cajero (fue antes del pago sin contacto) y me concentraba en tratar de localizar las barritas de chocolate Double Decker gigantes en la sección de golosinas. Al devolverme la tarjeta, el cajero me dijo con aire despreocupado: «Muchas gracias, señor Dix». Me cogió un poco por sorpresa. Me pregunté si sería un antiguo alumno. «¿Cómo sabe mi nombre?», le pregunté. Por supuesto, acababa de leerlo en la tarjeta. Debo de haber entregado mi tarjeta a miles de personas y él fue el primero al que se le ocurrió fijarse en ella y usar mi nombre.

Me hizo sentir importante, aunque solo fuera durante un momento. Supongo que debía de hacer lo mismo con todos los clientes, pero desde entonces no me ha vuelto a pasar en ningún otro sitio. Ahora le cuento a todo el mundo esa pequeña muestra de amabilidad. Es un hecho minúsculo, aparentemente intrascendente, que tuvo un impacto que trascendió el momento.

En eso consiste el reconocimiento positivo. No hace falta que sea un gesto teatral ni que hagas grandes pantomimas, en plan: «¡Guau! ¡Qué bien lo ha hecho, ¿verdad?!». Tampoco que inundes tu casa de gritos interminables de «¡BUEN TRABAJO!», «¡BIEN HECHO!» o incluso de (el más terrible) «¡¡¡TE FELICITO!!!». No es momento de ñoñerías, sino de observaciones sinceras y honestas. Hazlo de manera discreta. Las observaciones sencillas suelen empezar con cosas sencillas: «Me gusta cómo...»; «Eres muy buena en...»; «Me encanta que...».

Si eres como la mayoría de los educadores, es probable que recuerdes muchos momentos en los que has elogiado a tus hijos. Pero ¿con qué frecuencia te fijas en las pequeñas cosas? Es ese fijarse en los detalles minúsculos, casi intrascendentes, lo que construye la imagen positiva de sí mismos que todos queremos para nuestros hijos. Fíjate, haz la observación y pasa a otra cosa. No debe parecer incómodo ni sonar forzado. Lo mejor es algo informal, algo que se deja caer casi como quien no quiere la cosa.

«Eso es muy bonito.»

«Me he dado cuenta del esfuerzo que has hecho.»

«Gracias por ser tan amable.»

«Me encanta cómo haces esto.»

«Eso lo haces siempre muy bien.»

El reconocimiento positivo debe ser regular. Si te sirve de ayuda, ponte como objetivo diez reconocimientos positivos al día. Haz algunos temprano, antes de desayunar, unos cuantos después del colegio y un par más antes de acostarte.

Hazlo durante un día nada más y observa la reacción. No creo que quieras parar. Es maravilloso vivir en una atmósfera de reconocimiento positivo. Las pequeñas cosas, observadas con regularidad, son los pequeños ladrillos que construyen la confianza de tu hijo.

Elogios pegadizos

El reconocimiento positivo no sustituye a otro tipo de elogios, más bien lo complementa. A veces, querrás ir más allá. Pero si vas a hacer el esfuerzo de elogiar más y criticar menos, merece la pena que te plantees cómo sacar el máximo provecho.

El objetivo es lo que yo llamo «elogio pegadizo». Es sincero, específico y dirigido. Lleva algo más de tiempo que la simple observación. El elogio pegadizo no se limita a observar el comportamiento, sino que explica por qué te fijas en él y se relaciona con los acuerdos adoptados en «Así se hacen aquí las cosas».

«Me he dado cuenta de que ya has hecho los deberes. Gracias. Ayuda muchísimo que te encargues de tus cosas. Me encanta ver que respetas nuestro acuerdo. Me ha puesto contenta.»

Merece la pena entretenerse un poco en esto dos o tres veces al día. Se refuerzan al mismo tiempo el buen comportamiento y el principio de «Así se hacen aquí las cosas». Estás enseñando a tu vástago a comportarse sirviéndote de los buenos momentos en que está dispuesto a escucharte.

«Oye, colega, buen trabajo» no es pegadizo, sino molesto. «¡Guau! ¡Aquí tienes un punto de recompensa!» es condescendiente con los mayores de cinco años (hablaremos de esto más adelante). «Eres increíble, un genio, un milagro de los tiempos modernos» puede ser un poco exagerado.

En vez de eso, prueba: «Gracias por limpiar lo de tu hermanita. Menudo desastre había. Te lo agradezco. Eres muy bueno cuidando de ella. Estoy orgulloso de ti. Así se hacen las cosas aquí». Es pegadizo de la mejor manera: reconociendo el esfuerzo realizado, ofreciendo una etiqueta positiva y relacionándolo con las expectativas del hogar.

Explícales a tus vástagos por qué los elogias. En voz alta y sin rodeos. No dejes que los pensamientos positivos se queden sin decir. Diles a qué se debe el elogio y el efecto positivo que tiene en ellos.

Los elogios pegadizos construyen relaciones al tiempo que fomentan una autoimagen positiva y límites claros. Ser el receptor del elogio es una sensación más gratificante que nada que se pueda pagar con dinero. Cuando viene de personas cuya opinión es la que más valoras, te cambia la vida.

Cuatro momentos positivos
con los que empezar hoy mismo

- *Observa cuándo hacen un esfuerzo extra.* Me refiero al comportamiento que va más allá de las normas mínimas. Abarca las cosas geniales que tus hijos hacen sin que nadie se las pida.
- *Un minuto positivo antes de que se vayan al colegio.* Una pequeña pausa antes de salir. Párate un momento a observar las cosas buenas y establece el ánimo del día para y con tu hijo. «Gracias por estar listo a tiempo, me ha ayudado mucho que prepararas anoche la mochila. Tengo la sensación de que hoy te va a ir de maravilla, ya has hecho que mi día empiece bien.»
- *Reflexionar sobre las cosas buenas cuando te sientas a comer.* Haz algún comentario positivo al principio para establecer el clima de inmediato: «Gracias por acudir a la mesa a la hora. / Me he dado cuenta de que has cedido tu asiento, me encanta. / He notado que te has esperado hasta que todo el mundo tuviera su comida antes de empezar, es genial».
- *Observa los comportamientos positivos a la hora de dormir.* La hora de acostarse brinda una oportunidad genial para reflexionar sobre los comportamientos positivos. No caigas en la tentación de mezclarlo con los momentos negativos. Déjalos estar. Que tu hijo se vaya a dormir sabiendo que se le valora, aprecia y quiere.

Retales de orgullo

Las fotos de niños que más a menudo cuelgan de la pared de casa son las superchulas del colegio, los montajes preparados o las que retratan los momentos más memorables de hace muchos años. Son las fotos que evocan la emoción más poderosa: el orgullo.

El orgullo es un motivador potente, la emoción más pegadiza de todas, y hay acciones que, junto con los reconocimientos positivos y los elogios pegadizos, tienen la capacidad de suscitarla.

Si quieres proporcionarle a tu hijo pruebas de sus habilidades, valores o esfuerzo, hazle fotos en los momentos más positivos de cuantos sucedan de manera natural: estudiando con ahínco, orgulloso en su habitación recién ordenada o mostrando una actitud cordial, amable y respetuosa. Muéstrale su mejor cara cada día.

Que se topen con su yo confiado, generoso y humilde mientras van camino del baño. Muéstrales su lado amable, diligente y valiente en el pasillo, a la vista de todo el mundo. Cuando duden de sí mismos o tengan un ataque de síndrome del impostor, estas fotos les recordarán lo capaces que son en realidad. Con solo colgarlas de fondo, ofrecen un modo de reformular los problemas y actúan como un reflejo positivo constante.

No hace falta redecorar. Unas cuantas imágenes bien escogidas en los lugares apropiados pueden hacer maravillas. Convierte tu casa en una galería de momentos dignos de orgullo y rodea a tus hijos de la mejor versión de sí mismos.

Hay otras formas de hacer que el orgullo acabe formando parte del tejido del hogar. La puerta de la nevera está hecha para reconocer cuándo su conducta se sale de lo acostumbrado. Quita los cupones de descuento y los dibujos horrorosos y hazle sitio al reconocimiento instantáneo. Basta con un simple trozo de papel. No hace falta que sea muy elaborado. Cada vez que veas que tu hijo se supera, escribe su nombre en el papel, o una carita sonriente o un arcoíris. Fija un objetivo y, cuando lo alcance, celébralo.

Un frigorífico de reconocimiento es especialmente útil cuando se establecen nuevas rutinas o se intenta convencer al niño de que es capaz de portarse bien. El recordatorio visual es poderoso y cada tía, tío, amigo o abuelo que visite la casa tendrá la oportunidad de reforzar lo positivo.

Tu nevera debería ser un recordatorio constante para todos de que el comportamiento por defecto de tu hijo es fabuloso. Esa es una gran base sobre la que construir.

Tus viejos hábitos

Si eres de los que se fijan en la buena conducta de sus hijos, pero nunca lo expresa en voz alta (ni lo pone en la nevera), los cambios que se describen en este capítulo podrán parecer extraños. Expresar los pensamientos positivos no siempre es fácil, al menos al principio. Tendrás que encontrar una forma de hacerlo que se adapte a tu estilo.

A muchos de nosotros nos lastra nuestro propio pasado. Algunos adultos pueden contar con los dedos pulgares el número de veces que sus padres les dijeron que estaban orgullosos de ellos. Frenar tu impulso natural de elogiar a tu hijo forma parte de una extraña teoría según la cual estos actos se aprecian más cuando llegan con el tiempo. La teoría les ha dado permiso a algunas personas para reconocer la buena conducta de sus hijos una vez al año / de higos a brevas / solo una vez, en su lecho de muerte.

La otra cara de la moneda de este enfoque tradicional es, con frecuencia, una explosión de emociones cuando las cosas van mal. Esto se ve en los malos entrenadores deportivos, para los que la respuesta a la derrota es la ira y la crítica, a veces pública. Es horrible presenciarlo. He entrenado a equipos deportivos y he visto al entrenador rival empeñado en aplastar los ánimos de su grupo de menores de ocho años, a quienes soltaba una perorata de comentarios negativos al final del partido que dejaba a todos atónitos (niños, padres, incluso jugadores contrarios). El monólogo se centraba en buscar culpables, incluido tú, sí, tú, ¿qué te crees que estabas haciendo ahí fuera?, tu línea defensiva era espantosa. La corrección de defectos se convierte en difamación.

Si esa es tu rutina, es hora de cambiar. Nos enseñan a no remover las aguas, a no interrumpir cuando los niños se comportan correctamente y esperar a que surjan los problemas para intervenir. Pero los niños no son aguas, ni siquiera de las que están tranquilas. No responden a la pasividad, sino a la positividad.

Sus viejos hábitos

En lo que respecta a tus hijos, es posible que a ellos también les cueste aceptar tu nuevo mundo de reconocimientos positivos, al menos al principio. Recuerda que no a todo el mundo le resulta fácil aceptar los elogios, en especial si son demasiado públicos, frecuentes y efusivos. Los niños podrían necesitar acostumbrarse a este nuevo estilo.

Esto es lo que aprendí de Nelson. A sus trece años, tenerlo en clase no era fácil. El caos se desataba al poco de llegar él. Solía entrar en tromba y tarde, se negaba a seguir instrucciones, destrozaba algunas cosas y salía corriendo del aula. Pese a que yo era nuevo en una escuela muy complicada, sabía que este comportamiento era inadecuado. Cuando acudía a otros profesores en busca de ayuda me miraban con aire distante: «Ah, sí, Nelson. Nadie sabe qué hacer con Nelson», reconocían.

Intenté por todos los medios fijarme en lo positivo que había en Nelson, pero no me resultó fácil. Los escasos momentos en que se portaba bien sucedían casi por accidente. Recuerdo darle un par de notas adhesivas con comentarios positivos que pensé que le harían sentirse mejor consigo mismo. Me las tiró a la cara. Sentía que mi comportamiento no suscitaba ningún cambio.

Un día, después de una clase especialmente difícil en la que Nelson había destrozado su propio trabajo, el de los demás y mi cordura, decidí «ajustarle las cuentas»: una expresión extraña, pero que me rondaba la cabeza. Estaba enfadado. Todo el mundo parecía haber renunciado a hablar con la madre de Nelson —«Nunca contesta al teléfono, no responde a los mensajes, nadie sabe lo que pasa»—, lo cual me irritaba. ¿Cómo podía ser tan complicado? Decidí hacerle una visita.

Emprendí el camino desde el instituto con mi nuevo lema —«Voy a ajustarle las cuentas»— resonando en mi cabeza y una lista completa de todas las fechorías de Nelson preparada para soltársela a su madre. Cuando llegué al final de la calle, una compañera con la que me llevaba bien se unió a mí.

—Voy contigo, Paul.

—No hace falta.

—Sí que hace.

Conforme nos acercábamos a casa de Nelson, yo iba repasando el discurso que le dirigiría a la madre. Sin embargo, en el mismo instante en que ella abrió la puerta, mis ideas preconcebidas se desmoronaron. De algún modo, me había imaginado que la casa de Nelson sería igual que la mía, y que la madre de Nelson sería igual que mi madre. Por el contrario, la casa en la que entré no tenía muebles. Los habían vendido o se los habían quitado. Solo quedaba un sofá de dos plazas atestado de ropa y juguetes sin ton ni son, así como un calefactor eléctrico de dos barras que emitía calor en aquel día caluroso. La madre de Nelson me preparó una taza de té que nadie osaría beberse.

Sin perder un ápice de mi ánimo, me senté en un extremo del sofá y me dispuse a pronunciar mi discurso.

Fue entonces cuando me di cuenta de que la madre de Nelson estaba borracha. Como una cuba. Se le ponían los ojos en blanco. A las once de la mañana. Me quedé paralizado. Era un profesor joven y no tenía suficiente experiencia en la vida. No sabía qué decir. Mi colega, Sue, una excelente tutora de curso, tomó el relevo. Ella ya conocía a la madre de Nelson desde hacía años y desvió la conversación con pericia para eliminar cualquier incomodidad: «¿Te vi en el bingo el viernes? Esta semana no ha sido muy buena para Nelson...». Y así siguieron.

Mientras ellas hablaban, Nelson se me acercó y me dijo que quería enseñarme su habitación. Cuando subíamos las escaleras, me pregunté por qué querría que la viera. A fin de cuentas, nunca había mostrado mucho interés por mi opinión en clase. Al llegar arriba, me quedé perplejo. En su habitación tampoco había muebles, tan solo un colchón en el suelo y algunos montones de ropa. Y entonces me di cuenta. Justo encima del colchón había dos trozos de papel pegados a la pared con masilla azul. Dos trozos de papel previamente arrugados y estirados: las dos notas positivas que le había escrito.

Cuando salíamos de la casa sentí la necesidad de disculparme.

—Lo siento, Sue. No era consciente de la situación. ¿He empeorado las cosas?

—No. Pero no esperes milagros instantáneos.

Al día siguiente, Nelson entró en clase y se quedó. Nunca mencionamos la visita a su casa ni a su madre, pero nuestra relación tomó otro rumbo. La mía era la única clase en la que se quedaba.

A Nelson sí que le importaron aquellas notas positivas. Quiso que las viera en su habitación y mostrarme cuánto significaban para él. Seguía sin ser capaz de aceptar con comodidad los elogios en general, y los públicos en particular, pero aquel fue un paso más en el camino. Quizá el primero hasta comprender que el elogio y el aprecio eran seguros, alentadores y sinceros.

Aquellas notas fueron el principio de mi aprendizaje de cómo enseñar a Nelson adecuadamente, si bien aprendí algo más: que los reconocimientos positivos pueden estar funcionando aun cuando parezca lo contrario.

Moneda relacional

Con el tiempo, los efectos de estos pequeños actos positivos se extienden por toda la relación, pues constituyen los pequeños actos de amabilidad que definen cómo te relacionas con el niño.

Considera estos momentos un modo de crear una moneda relacional. Aumenta las reservas cada día mediante el aprecio de los esfuerzos de tu hijo. Eso significa acudir al instituto para compartir los momentos importantes; acudir a las competiciones deportivas, sobre todo si va perdiendo; aparecer no solo en los buenos momentos, sino también cuando las cosas van mal y necesitan un abrazo de consuelo. Deposita todo el dinero que puedas en el banco de las relaciones.

Cuando las cosas van mal, cuando a tu hijo le cuesta regularse, cuando estás en una situación en la que lo normal sería imponerle un castigo, puedes recurrir a la moneda relacional. Cuanto más fuerte sea la relación, más fácil será corregir el comportamiento sin amenazar con consecuencias ni levantar la voz. Cuando todo va mal, es lo que puede acudir al rescate.

Tomemos a Altaf como ejemplo. Hay niños que pierden los estribos. Otros parecen estar a punto de perder la cordura. Cuando Altaf se ponía fuera de sí, nadie podía calmarlo. Era agotador verlo y la gente que se interponía podía salir malherida, física o emocionalmente.

Altaf se peleaba mucho. No estoy seguro de que le gustara pelear, pero se le daba bien y era una forma eficaz de hacer que otros niños se anduvieran con ojo con él. Se había labrado una reputación de tipo duro y no estaba dispuesto a renunciar a ella sin más. Y no se debía a que fuera un luchador hábil o particularmente fuerte, sino a que era absolutamente implacable. Los demás niños le temían porque nunca se rendía y no se detenía. Nunca. Si se metían con él, la cosa no se resolvía rápido ni bien.

En una ocasión me vi en medio de un altercado entre Altaf y el líder del instituto vecino. Había visto congregarse a la multitud y miré a mi alrededor en busca de otros compañeros, pero ni rastro del profesorado. La situación era tensa y, si salía mal, algunas personas resultarían heridas, yo incluido. Esto sería evidente para los demás miembros del profesorado, que veían desarrollarse los acontecimientos desde el monitor de una cámara de circuito cerrado situado en una oficina, con una taza de té y un pastel de crema en la mano.

No me metí en aquel fregado a la ligera, pero Altaf y yo nos conocíamos desde hacía mucho tiempo y habíamos tenido muchos altibajos. Me había confesado su adicción a la heroína, que era severa y avanzada. En una ocasión, cometí la estupidez de dejarlo solo en mi coche durante cinco minutos, que le bastaron para robarme la radio, ir corriendo a la ciudad y venderla por un chute.

Así que decidí que le debía a Altaf, y a nuestra relación, ponerme en medio de los dos contrincantes e intentar detener la pelea; es decir, ponerme directamente en la línea de fuego. En ese momento, Altaf y su adversario estaban uno frente al otro, y yo, en medio.

Jugué la única carta que me quedaba. Me miré los zapatos y dije, en voz muy baja y tranquila: «Esto no puede pasar aquí. No conmigo aquí en medio». Tras una pausa, añadí: «Bonitos zapatos».

Hubo un momento de silencio. Entonces Altaf dijo sonriendo: «Basta». Y se marchó.

Lo que hice fue canjear mi moneda relacional, ya que era lo único que tenía. Sirvió para rebajar la tensión. Sabía que no podría volver a utilizarla durante un tiempo: lo que se había gastado necesitaba reponerse. Sin ella, las cosas podrían haberse puesto feas en un periquete. En cambio, con ella, salí de una pieza (para desconcierto de mis colegas, que se habían imaginado con júbilo tener que arrancarme con una espátula del suelo del patio tras un episodio de violencia adolescente). Nunca les agradecí, por cierto, aquel apoyo incondicional.

Ni que decir tiene que no te puedes apoyar con demasiada frecuencia de ese modo en las relaciones. Lo normal debe ser acumular moneda relacional, no gastarla a diario. De lo contrario, pronto te encontrarás en la bancarrota. Guárdala para las vacas flacas y el impacto será inmediato, además de tener un efecto transformador. Apóyate en la relación para intentar corregir todos los comportamientos y no funcionará.

En cambio, bien utilizada, puede ser transformadora. Aunque hayas llegado a lo más profundo del mal comportamiento y el abuso verbal, empieza a encontrar lo bueno. Quizá lleve un tiempo acumular un saldo sustancioso si te encuentras en una situación muy complicada, pero siempre vale la pena empezar a ahorrar. Si cuentas con la suficiente moneda relacional en el banco, puedes superar cualquier cosa.

Siete maneras de crear moneda relacional

- *Ofrecer ayuda.* Donde antes habrías ofrecido amenazas de castigo.
- *Aparecer.* Apoyar sus intereses aun cuando tienes cosas importantes que hacer.
- *Sentarte con ellos a hacer los deberes.* En lugar de insistir en que los hagan.

- *Llevarles el desayuno a la cama.* Cuando no se ha pedido y no se esperaba.
- *Meterles un tentempié secreto en la mochila del colegio.* Con un mensaje positivo al lado.
- *Tener un tarro lleno de trocitos de papel.* Cada uno con algo positivo que te haya llamado la atención esa semana.
- *Ayudarles a ordenar su habitación.* En lugar de regañarles para que lo hagan. Trata de mantener una conversación positiva mientras recogéis.

El cordel con la zanahoria

Cuando hablo del reconocimiento positivo, muchos padres creen que me refiero a ofrecer recompensas: «Si haces X, te espera una zanahoria / un paquete de gominolas / una PlayStation 5».

De hecho, hacer esto es lo contrario de crear moneda relacional. Tu objetivo es educar a tu hijo, no comprarlo. Las recompensas no tardan en convertirse en sobornos. Solo media un paso entre «Toma una golosina porque lo has hecho genial» y «Si lo haces genial, te doy una golosina», y de ahí a «Vale, tres golosinas por cada prenda de ropa que recojas» y «Cien libras por cada sobresaliente».

Una de mis amigas tiene un cajón de regalos envueltos que utiliza para sobornar a su hijo de cinco años. Tiene un regalo para cuando se mete en la cama, uno para cuando ordena la ropa y otro para cuando grita para que le den un regalo, claro está. Ahora el cajón se vacía mucho más rápido que antes y los regalos tienen que mejorar sin parar, pero la criatura de cinco años no ha aprendido otra cosa que a conseguir mejores regalos más rápido y con menos esfuerzo.

Un cajón lleno de regalos es caro y, lo que es más importante, no funciona. Una vez que se ha emprendido este camino, el comportamiento se vuelve una transacción: es bueno si hay a cambio una recompensa material, en lugar de existir como un fin en sí mismo. Lo que es peor, empieza a afectar a las expectativas vitales del niño. Si todo buen comportamiento se tradujera en recompensas materiales, los enfermeros volverían a casa en coches de oro y Prada en los pies. Por desgracia, la vida no es así. Cuando desaparezcan las recompensas, cuando lleguen a adultos, ¿qué les motivará a portarse bien?

Si quieres preparar a tus retoños a comportarse de maravilla cuando no estás delante, enséñales a sentirse bien por su comportamiento. Debes animarles a enorgullecerse de hacer las cosas bien, de ser educados y tratar bien a los demás.

No son las recompensas extrínsecas las que impulsan un buen comportamiento, sino las intrínsecas. Tienen que portarse bien porque es lo correcto, no porque escondas tras de ti un regalo envuelto o tengas un reluciente billete de diez en la palma de la mano. Evita la tentación de reforzar cada reconocimiento positivo con un dónut relleno, unas Oreo del último sabor del mercado o una nominación al título de caballero. Tus vástagos no los necesitan y lo único que conseguirías es complicar una situación que requiere sencillez.

El reconocimiento y el orgullo funcionan mejor que el soborno, el dinero y los premios (y son bastante más baratos). Por eso, el reconocimiento positivo es mejor que cualquier soborno que se te ocurra.

PONTE A PRUEBA

- Fíjate en algo pequeño mañana. No lo tomes como algo de una importancia descomunal: limítate a observarlo con amabilidad y calma. Fíjate en lo mismo al día siguiente y todos los días de la semana que sigue. Observa el cambio, cómo se cuestiona y cómo crece la confianza.

TEN EN CUENTA

- No esperes demasiado enseguida. La crianza relacional se consigue gota a gota y día a día, y no tras una única excursión para establecer vínculos a la tienda de bricolaje del centro comercial. Introduce los cambios poco a poco y asegúrate de que son factibles. No intentes hacerlo todo en una semana y pienses que puedes retirarte después a observar cómo de requetebién se comporta tu retoño.

- No abrumes a tu hijo con elogios efusivos en público. No sabrá cómo recibirlos y puede que no sea capaz de aceptarlos con elegancia. No querrás que un cambio positivo en tu comportamiento avergüence a tu hijo (aunque sé que es perfectamente posible avergonzar a tus hijos adolescentes por el mero hecho de estar delante / a menos de cien metros / vivo).
- No abras el grifo demasiado rápido. Si eres el tipo de persona a la que le cuesta elogiar de forma natural y de repente te conviertes en la campeona del mundo del reconocimiento positivo, no dudes de que dará la sensación de que te has sometido a un trasplante de personalidad de la noche a la mañana: «Ya has estado leyendo el libro ese sobre el comportamiento, ¿eh?».

PÍLDORAS INFORMATIVAS

- Imagina que tu hija sale de casa con una gran etiqueta marrón, al estilo del oso Paddington, ondeando al viento. ¿Qué te gustaría que pusiera en ella? Pues haz de esas las últimas palabras que te oye decir cuando sale por la puerta.
- Reparar una relación puede llevar más tiempo del esperado. Una repentina acción amable y generosa no garantiza que ocurra. No esperes que la relación dé resultados favorables inmediatos ni una respuesta positiva solo porque te estás esforzando.

- Las pequeñas atenciones son grandes distracciones. Llevarle algo de beber antes de sentarte a hablar puede rebajar la tensión. Un abrazo dulce y tranquilizador, incluso cuando la conversación va a resultar complicada, puede marcar la diferencia.

4
EL PROGENITOR CONTRAINTUITIVO

¿Por qué machacar los comportamientos con castigos cuando se pueden cultivar otros nuevos con amor?

Enseñar a un niño a comportarse requiere ir en contra de la intuición. Lo que se percibe como la respuesta correcta en un momento determinado suele estar en realidad impulsado por las emociones. Y en la gestión del mal comportamiento, las emociones no son tus amigas.

La pulsión de responder al comportamiento de tu hijo con frustración o enfado es natural, apenas si requiere pensar en ello. Si tu hijo sale hasta tarde, esperas despierto para cantarle las cuarenta. Que tu hija se niega a seguir tus instrucciones, tú le contestas con brusquedad. Cuando tu pequeño lanza una taza, tú le dices por qué es inevitable que alguien muera a causa de su violento lanzamiento de objetos.

Estos instintos son enemigos de la buena crianza. No dejes que tus impulsos guíen tu comportamiento. Detrás de ellos te espera la lógica, lista para sacarte de apuros.

Este implacable retorno a la razón ofrece una forma mejor de enseñar comportamientos, que yo he llamado «crianza contraintuitiva». Es la forma de convertir el ideal de regulación emocional que exploramos en el capítulo 1 en un conjunto de herramientas duras capaces de enseñar nuevos comportamientos de una manera activa. Cuando sientas la pulsión de la respuesta emocional, puedes aprender a reconocerla por lo que es en realidad y buscar la alternativa racional. Al principio, te parecerá un mecanismo contrario a la intuición, pero no tardarás en preguntarte por qué gastabas tanta energía emocional solo para enseñar a tus hijos a comportarse.

Resistirse a estas trampas de la intuición es sencillo a la vez que transformador. Una vez que tu reacción al mal comportamiento deja de ser emocional, te vuelves más justo y predecible. Esquivas con más habilidad las trampas emocionales que acaban empeorando las situaciones y la vida adquiere una considerable calma. El resultado es una forma distinta de conseguir el comportamiento que deseas y que no se centra en aplastar o acabar con el mal comportamiento a base de sobornos, sino en enseñar activamente el bueno.

No te preocupes si a lo largo de este capítulo te das cuenta de que has tomado algún que otro camino equivocado. Las relaciones sanarán y se repararán. Empieces donde empieces, puedes conseguirlo. Aunque te hayas equivocado de dirección alguna vez, siempre hay otro camino.

Desactivar los parámetros de fábrica

La intuición aplicada a la crianza se vuelve más poderosa cuando estamos apurados de tiempo, frustrados o irritados. En esos momentos es fácil decir algo que no queremos decir y con el énfasis equivocado. Los mecanismos lingüísticos predeterminados entran en acción y te ves haciendo de pronto preguntas ridículas que te hacían a ti de pequeño: «¿Quién te crees que eres?» o «¿Cuántas veces te lo tengo que decir?» o el sempiterno «¿Por qué no me escuchas?».

Todos tenemos nuestros parámetros de fábrica. Nos los han implantado a base de repetición infatigable; a menudo nuestros padres, a veces nuestros profesores. Salen de nuestra boca cuando dejamos de pensar en lo que decimos y acabamos lidiando con las dificultades presentes usando clichés del pasado. Una conversación sobre el comportamiento no es el momento de lanzarse a resolver profundas cuestiones filosóficas sobre la existencia y la identidad («¿Quién te crees que eres?»). Es el momento de un plan.

Permitir que la voz de tus progenitores se filtre a través de ti —en forma de valores predeterminados— significa que no controlas lo que dices. Te verás en callejones sin salida conversacionales que a estas alturas ya son enteramente obra tuya.

Cuando se utilizan sin pensar, nuestros ajustes de fábrica les enseñan a los niños que el comportamiento y el carácter son lo mismo; que el comportamiento es una característica inmutable y no una irregularidad pasajera. Se repiten una y otra vez las mismas frases y acciones, todas ellas intuitivamente susceptibles de enseñar una mejor conducta, pero con escasas probabilidades de lograrlo.

Trampa de la intuición 1: «Deberías saber comportarte»

Lo sorprendente es cuántos de nosotros caemos, de manera estrepitosa, en las viejas trampas de siempre de la intuición. Fijémonos en un clásico: «Deberías saber comportarte». Esta frase parece estar bien insertada en la mente de todos los progenitores. Al fin y al cabo, has enseñado a tus hijos a comportarse al menos una vez, quizá con cierto lujo de detalles (en efecto, el PowerPoint con la transcripción fue un pelín excesivo), por tanto, ahora «deberían saber comportarse», ¿no?

Desgraciadamente, y no culpes al mensajero, enseñar a comportarse no es cosa de una única actuación, ni aunque fuera tu mejor actuación, con apoyos visuales y efectos de hielo seco. Enseñar a comportarse es más bien una de esas actuaciones que hay que hacer los siete días de la semana, sesiones matinales y de noche incluidas. Enseñar a los niños a que «sepan comportarse» es un acto deliberado que lleva meses, incluso años. Cada vez que se te pase por la cabeza el pensamiento «Deberías saber comportarte», reprímelo. Es una respuesta emocional, intuitiva. La respuesta racional es: «Tengo que volver a enseñarles a comportarse».

Esto lo aprendí en clase. Como te dirán todos los profesores, que lo hayas enseñado no significa que lo hayan aprendido. Hay que enseñarlo y volverlo a enseñar todos los días hasta que el comportamiento se convierta en un valor por defecto. Puede parecer mucho esfuerzo, y lo es, pero también se trata de algo inevitable. Si quieres enseñar a tu hijo a comportarse, te tienes que esforzar.

Si tus vástagos no saben comportarse, significa que no les has enseñado lo suficiente. Esa frustración debería ser interna y no proyectarse en tu hijo. No te culpes, busca un modo mejor de enseñárselo para que lo aprendan.

Al educar en nuevos comportamientos, el primer paso es aplicar el principio descrito en el capítulo 1: eliminar la emoción. Al contrario de lo que nos dice la intuición, mostrar menos emoción tiene un impacto mayor en el mal comportamiento. En cuanto dejas que la emoción se haga con el control, el intercambio se centra tanto en tu conducta como en la de tus hijos. Cuanto menos emocional logres estar en las situaciones difíciles, más impacto causarás y mejor progenitor y profesor de comportamiento serás.

TRAMPA DE LA INTUICIÓN 2: LA FICHA DE ANTECEDENTES PENALES

En los momentos de mayor vacilación, otro impulso es echar mano inmediatamente de la ficha de antecedentes penales: «Esta es la quinta vez esta semana que...», «Siempre estás...», incluso «Este gráfico circular representa el número de veces que me has dicho que soy una *boomer* en las últimas veinticuatro horas». De esta forma, el comportamiento parece que sea acumulativo y que se registre meticulosamente.

Con frecuencia se usa la ficha de antecedentes penales para justificar la severidad de la respuesta o para incrementar la vergüenza: «Hablé contigo sobre el tiempo que te pasas delante de la pantalla ayer, el día 24, y dos veces el 17: a las 7:37 y a las 7:38. Por lo tanto, es hora de precintar el iPad»; «Nos hemos portado muy bien contigo últimamente, sobre todo ayer, el 26, y también el 12. Y así es como respondes».

Pero las pruebas del pasado no ayudan a mejorar el comportamiento de hoy. Llevar una lista de los peores momentos de tus hijos no es sano, incluso aunque solo esté en tu cabeza. Esto también es un comportamiento emocional, no racional, y no ayuda a nada. No es más que compartir tus sentimientos de impotencia y frustración.

La ficha de antecedentes penales es especialmente ineficaz cuando se trata de corregir un comportamiento en el mismo momento en que ocurre. El mensaje que transmite a los niños es: «Ya he juzgado esta situación, he encontrado otros ejemplos de lo mismo y, por tanto, la culpa es tuya», sin que medie conversación alguna. No hay justicia en este enfoque y conseguirás que la controversia gire en torno a lo injusto de tu juicio; de pronto, no estáis hablando del comportamiento en sí, sino de tu sesgo.

También aquí la crianza intuitiva es la enemiga. Si lo razonamos desde la impulsividad, tiene sentido enumerar ejemplos anteriores de lo mismo: así elabora su causa la fiscalía. Pero ¿va a aprender a hacer algo un niño por el peso de las pruebas en su contra? «Sí, papá, he escuchado tu alegato en mi contra y estoy de acuerdo en que soy culpable de todos los cargos. Tengo la intención de dejar de ser grosero inmediatamente, donar mi paga a la hucha de las palabrotas e ir a mi habitación para darme una buena charla. Ah, y me gustaría que se tuvieran en cuenta otras veintitrés palabrotas.» La gente no piensa de esa manera.

Si llevas un cómputo de los antecedentes penales de tu hijo, tienes que rebajar los impulsos. Detente, piensa, compara y contrasta con el mundo de los adultos. ¿Quién lleva el registro de tu comportamiento? ¿Quién engrosa cada día tu lista de faltas? En el mundo adulto, los errores de comportamiento no se acumulan. No hay nadie llevando la cuenta en una carpetita; si lo hubiera, llamarías a la Policía o le preguntarías a tu antiguo profesor de Educación Física por qué sigue anotando todas tus fallas.

Nadie ha decidido nunca comportarse mejor porque alguien llevara un registro de sus meteduras de pata. Las fichas de antecedentes penales no hacen más que empañar las conversaciones y hacer que las lecciones que intentas enseñar sean confusas.

Trampa de la intuición 3: Economía de fichas

A muchas personas la búsqueda desesperada de una solución a los problemas de comportamiento de sus hijos las ha llevado a una idea sencilla: la economía de fichas. Dar a los niños pegatinas o puntos que pueden acumularse para ser canjeados por grandes recompensas debería funcionar. Parece intuitivo. A todos nos gustan las recompensas y hacer que los niños se ganen sus cosas parece una valiosa lección de vida.

La realidad es que las economías de fichas se desmoronan con mucha rapidez. Son sistemas corruptos por definición.

Si un sistema de pegatinas y recompensas funciona durante los primeros días de su implementación es porque los adultos buscan comportamientos adecuados y les prestan mucha atención: es el reconocimiento positivo lo que está surtiendo efecto. Los adultos se engañan a sí mismos pensando que es el juguete llamativo del final del proceso el que provoca el cambio en el comportamiento.

A corto plazo, quizá sea verdad: la emoción de la recompensa puede, durante un tiempo, ser una motivación poderosa. Pero ese entusiasmo no dura mucho. La motivación es extrínseca, no intrínseca. El resultado es una crisis inflacionista de rápido crecimiento. Las fichas pierden su valor: «Mamá, esta semana necesito dos chocolatinas, ir al cine y un fin de semana en Nápoles con *pizza* incluida». A la cuarta semana, las recompensas ya no tienen ningún efecto: «No quiero un puñetero helado, lava tú los platos».

Las economías de fichas entrañan además un problema de orden más práctico: gestionar un acumulador de recompensas requiere mucho esfuerzo. En primer lugar, hay que determinar qué comportamiento equivale a una ficha. Después, hay que calcular la escala aplicable: «Vale, lavar el coche son cinco fichas, ser amable con tu hermano es una ficha y no contarle a tu abuela eso que acordamos son treinta y siete fichas», lo cual significa que la coherencia se va al garete. Al poco tiempo, la tabla se habrá dejado de actualizar de manera coherente, en caso de que se siga actualizando. Peor aún, si hay dos personas manejando el sistema, la coherencia se volverá un sueño inalcanzable.

En consecuencia, las economías de fichas no dan como resultado una mejor conducta, sino una ludificación del comportamiento. Los niños no piensan en lo bien que se pueden comportar para ganarse las fichas; por el contrario, intentan averiguar de inmediato cómo jugar y ganar el juego. ¿Cuál es la forma más fácil de conseguir una recompensa? ¿Qué amo de las fichas es más dócil? ¿A quién se puede engañar para que dé varias fichas con el menor esfuerzo?

¿Te suena? Es porque la estrategia es errónea. No culpes a los jugadores, culpa al juego.

Sabes de un modo racional —si no de manera intuitiva— que a los adultos tampoco les motivan durante mucho tiempo los planes de recompensas. Por eso llevas la cartera llena de tarjetas de puntos de todo tipo que dejaste de coleccionar tras la primera compra. Por eso la gente deja los trabajos tóxicos, aunque las primas por ventas sean astronómicas. Conseguir más cosas no cambia el comportamiento para mejor, y mucho menos lo enseña.

Así que destruye las estafas piramidales de recompensas. Deshazte de los regalos envueltos que se ofrecían como sobornos. Cambia tu forma de recompensar a tus hijos. La motivación también es contraintuitiva. La vida no es un flujo constante de recompensas a cambio de un buen comportamiento, así que manda a tu estirpe al mundo sin dependencia a las recompensas. Cuando su motivación intrínseca impulse su comportamiento, este se convertirá en la recompensa. Se sentirán bien consigo mismos sin necesidad de una validación externa constante.

Los gráficos de pegatinas no son el camino hacia la iluminación. Compran el buen comportamiento de hoy, pero no invierten nada en el comportamiento futuro.

Las cuatro trampas más comunes de la intuición (y qué decir en cambio)

- «*¡Ya basta!*» Las interrupciones bruscas son a veces necesarias por razones de seguridad: si tu hijo está a punto de subirse a la ventana, es muy posible que quieras llamar su atención lo más rápido posible. Sin embargo, usar su nombre es en realidad la forma más rápida de captar su atención. Y la mayoría de las órdenes bruscas no se deben a que el niño esté intentando dominar su técnica de vuelo desde la ventana de un primer piso, sino —sorpresa, sorpresa— a que tu cerebro emocional se dispara de nuevo. Prueba mejor: «¿Recuerdas nuestra norma sobre...?».

- *«Si lo vuelves a hacer...»* Intentar mostrarle a alguien que ha cometido un error desafiándole a repetir la misma acción no suele acabar bien. Al final de la frase «Si lo vuelves a hacer...» siempre está la amenaza de un castigo desproporcionado (sobre el que hablaremos más adelante). Cuando la amenaza no funciona, queda poco margen de maniobra. Después de haber amenazado con el castigo más temible, te verás obligado a aplicarlo, ¿y qué pasa entonces si tu hijo vuelve a hacer lo mismo? Prueba mejor: «La próxima vez...».

- *«Me rindo.»* Manifestar que te rindes no transmite un mensaje adecuado. Es evidente que dicha afirmación no es más que una señal de tu exasperación emocional. Estoy convencido de que la mayoría de los progenitores no se plantean una vida de ermitaño sin hijos como solución a sus problemas parentales. Para un adulto, ese «me rindo» no es más que una figura retórica; en cambio, para un niño puede tener una interpretación muy diferente. Significa que se dejan de imponer los límites, lo cual le brinda otra oportunidad de adquirir un poco más de control. Si te preguntas por qué está cambiando el equilibrio de poder en tu relación, podría ser porque estás expresando tu impotencia en voz alta. Prueba: «Volvamos a lo que habíamos acordado...».

- *«¡Mira lo que me has hecho hacer!»* La transferencia de la culpa del adulto al niño es una estrategia de crianza verdaderamente horrible. A menudo, y sin que la culpa sea suya, se le pide al niño que se sienta avergonzado por cosas que en ningún momento estuvieron bajo su control. «Mira, has conseguido que se me estropee la cena / le dé una patada al perro / me equivoque al hacer la declaración de la renta / me gaste el dinero del alquiler en el bingo» («¡Pero si solo tengo tres años!»). Ningún niño ha aprendido nada de esta frase excepto que el adulto es una persona irracional. Prueba mejor: «Tus actos tienen consecuencias...».*

Cultivar nuevos comportamientos con amor

Todas estas trampas de la intuición tienen algo en común. Intentan enseñar una nueva conducta, si bien de forma confusa y ambigua. El comportamiento deseado nunca se expresa de manera explícita, sino que se insinúa indirectamente a través de sanciones punitivas, extensas fichas de antecedentes penales y economías de fichas corruptas.

Existe un modo diferente que no implica machacar el antiguo comportamiento a base de sanciones y regalos, sino cultivar el nuevo con amor. Requiere de todas las herramientas superingeniosas que hemos aprendido hasta ahora: regulación emocional, coherencia planificada y reconocimiento positivo.

* Proporcionadas, claro está. Véase el capítulo 8.

En primer lugar, expresa directamente lo que quieres. No le digas a tu hijo que ya lo sabe ni que recibirá doce chocolatinas si lo adivina. Explícale claramente el comportamiento que buscas. Concreta, céntrate en una única conducta positiva que quieras cultivar y fomentar. Si quieres desarrollar nuevos comportamientos, pon la atención en cambios pequeños y manejables.

Es mejor si se trata de un comportamiento observable en lugar de pedir, simplemente, un cambio de actitud. Afrontar los cambios de uno en uno es suficiente. El comportamiento positivo podría ser alguno de los siguientes: «Come con la boca cerrada»; «Háblame con educación»; «Trata al gato con amabilidad» (en lugar de sus versiones negativas: «¡Aaaaargh! ¡Qué asco!»; «No me mandes a la mierda»; «No metas al gato en el frigo»). Explica cómo te ayuda ese comportamiento en cuestión. Proporciona ejemplos de dónde y cómo es importante.

La ambigüedad es tu enemiga. Pedirle al niño que «se porte bien» es demasiado amplio para ser útil o comprensible. Sin embargo, no es raro que los progenitores exijan a sus hijos que dejen de portarse mal, que se comporten como es debido o incluso que sean buenos. En estas circunstancias, es posible que el niño no sepa exactamente qué quieres decir, de manera que utiliza tu respuesta emocional como barómetro en lugar de tratar su propio comportamiento: «Si mamá no grita, debe de ser que estoy haciendo lo correcto».

A continuación, relaciona el comportamiento positivo que pides con los valores de tu hogar y con «Así se hacen aquí las cosas». Empieza a fijarte de inmediato. Obsérvalo. Coméntalo cuando lo veas, aunque aparezca enseguida, o quizá precisamente en ese caso. Hazle saber a tu hijo lo importante que es incorporar el comportamiento correcto en cuestión y agradécele el esfuerzo.

Consigue que todos los adultos que forman parte de la vida del niño se sumen a tu nueva campaña de reconocimiento positivo. Pídeles a amigos, familiares y canguros que interactúan con tu hijo que le presten atención a ese comportamiento. Celébralo por todo lo alto cuando comience a hacerlo automáticamente y sin pensar. No empieces a centrarte en una nueva conducta hasta que el cambio haya cuajado, tanto si hacen falta siete días como si han de pasar treinta. Lo que estás haciendo es cultivar el comportamiento con amabilidad y amor, y eso requiere alentar el cambio de forma continuada y afectuosa hasta que sea permanente.

Juegos de comportamiento

Pronto te convertirás en el horticultor aficionado más dedicado del mundo y cultivarás nuevos comportamientos con amor, cuidado y fertilizantes nitrogenados. Sin embargo, se da la paradoja de que es el mismo acto de cultivar nuevas conductas con amor el que provoca nuevas trampas de la intuición, vástagos indeseables de tu nuevo enfoque que precisan una poda.

Destacan entre estos vástagos los juegos de comportamiento. Empiezan con las mejores intenciones, poniendo el énfasis en destacar lo bueno, pero es fácil que acabe derivando en que los buenos comportamientos contrarresten a los malos, lo cual da como resultado un juego de suma cero.

Chelsea es un ejemplo. Sus padres —unos buenos amigos míos— no eran capaces de explicar la razón, pero cuando Chelsea tenía siete años, todo lo relacionado con ella parecía un esfuerzo. Había que recordarle con insistencia las cosas más simples, siempre.

Al principio, sus padres lo hicieron todo bien. Empezaron a detectar el buen comportamiento y a reconocerlo positivamente. Pero el progreso era lento y no acababan de resolver la cuestión de qué hacer con las conductas que no les gustaban. Tras consultar la guía para padres más contradictoria del mundo, internet, dieron con una solución: un «gráfico de comportamiento especial». Se trataba sin duda de un producto popular que recibía muy buenas críticas. Cuarenta libras parecían un precio razonable si el producto iba a solucionar el problema de Chelsea. Pagaron la cantidad y esperaron la iluminación.

Pensándolo bien, parece un poco grandilocuente llamarlo «gráfico». Se trataba más bien de una cartulina tamaño A3 plastificada. Contaba con dos columnas: una marcada con un símbolo «+» donde se registraba el buen comportamiento y otra marcada con «−» donde se anotaba el malo. Hasta había un bolígrafo para apuntar los menos y los más. Los padres de Chelsea pensaron que esto era el reconocimiento positivo en acción: no hay reconocimiento más grande que una vistosa marca verde cada vez que haces algo bien.

Cuando llegaba la hora de ir a la cama, hacían el recuento. Si había más signos de más que de menos, Chelsea recibía una recompensa. Si había más signos de menos que de más, recibía un castigo. A primera vista, el sistema parecía del todo razonable. A Chelsea le vendría bien tener que rendir cuentas por su comportamiento y responsabilizarse de sus actos. El problema era que la tabla no ponderaba los distintos comportamientos. Un más era un más independientemente de lo impresionante que fuera el comportamiento positivo; un menos era un menos, por terrible que fuera el comportamiento malo. De manera lenta y progresiva, Chelsea aprendió que cualquier buen comportamiento anulaba cualquier mal comportamiento. Esto corrompió su conducta y su respuesta ante ella. Le enseñó a jugar al juego del comportamiento en lugar de a reflexionar sobre su propia conducta.

La situación llegó a un punto crítico cuando Chelsea contaba once años. Había salido con una de sus amigas y llegó a casa más de dos horas tarde, sin haber llamado ni enviado ningún mensaje. Ambos progenitores se estaban planteando llamar al teléfono de Emergencias cuando entró ella con aire despreocupado. Sintieron el impulso de reprenderla en ese mismo momento, pero finalmente decidieron pedirle que se fuera a la cama y anunciaron que hablarían de lo sucedido por la mañana.

Al día siguiente, Chelsea se levantó temprano. Sus padres la oyeron revolverlo todo en la cocina. Cuando se asomaron, la vieron pasarle el trapo atropelladamente a las superficies en un intento de limpiar. Cuando ella los vio en la puerta, exclamó:

—¡Ah! ¡Mirad!

—¿El qué? —contestó su padre.

—No me podéis reñir por lo de anoche, ¡mirad todo lo que he hecho!

Cuatro años de tablas de comportamiento habían hecho mella. La brújula moral de Chelsea estaba tan distorsionada que realmente creía que cualquier buena acción anularía una mala. Al fin y al cabo, era lo que le habían estado enseñando durante años con hojas plastificadas de perenne responsabilidad.

Cómo se enseña el comportamiento

No se enseñan valores a través de tablas de comportamiento, ni siquiera positivas. Si creas una escalera por la que el niño asciende un peldaño si se porta bien (¡Viva!) y desciende si se porta mal (¡Ooooh!), y se acompaña de un premio o castigo al final del día, lo que tienes no es una estrategia de comportamiento, sino un juego. El niño aprenderá a jugarlo muy bien en un santiamén. Tú, por el contrario, perderás, claro está.

Esta estrategia insinúa además que todo comportamiento puede cuantificarse y puntuarse en una escala que va de «estupendo» a «aceptable» o «malo». Lo cierto es que algunos malos comportamientos son atroces y no se pueden compensar fregando los platos o yéndose a dormir en cuanto se da la orden. Del mismo modo, algunos buenos comportamientos son extraordinarios y no se deberían menoscabar contraponiéndolos al hecho de que tus hijos se olvidaran de recoger sus tazas del dormitorio. Y lo que es más importante: esta ludificación tiene muy poco que ver con el mundo real. Imagínate que tuvieras que rendir cuentas de tu comportamiento al final de cada día. Se darían situaciones feas. Este enfoque no prepara a ningún niño para tener éxito en la edad adulta porque la vida adulta no se ajusta a unas reglas semejantes.

En consecuencia, y contradiciendo a la intuición, has de mantener separados el buen y el mal comportamiento. La mala conducta de la que está haciendo gala el niño en este momento no influye en el comportamiento fabuloso que tuvo hace cinco minutos y viceversa. Lo positivo y lo negativo deben diferenciarse y no guardar relación entre sí.

Esto te brinda la oportunidad de hablar y reflexionar sobre ambas conductas sin que una empañe a la otra. Significa que realmente estás enseñando comportamiento: despacio, como es debido, racionalmente. Cada vez que tu hijo tenga un mal día, empieza por buscar los momentos positivos y aprovéchalos. Sin una cuenta negativa en el horizonte, pronto empezarán a asomar los brotes verdes del comportamiento positivo.

PONTE A PRUEBA

- La próxima vez que tu hijo se porte mal, escoge un ejemplo de buen comportamiento y empieza la conversación hablando de ello. No estarás ignorando la conducta actual, y es posible que en algún momento sea necesario que llegues a ella, pero, por ahora, te estás limitando a reconocer de un modo positivo un comportamiento más lejano en el tiempo.

TEN EN CUENTA

- Capta inmediatamente el comportamiento negativo que se te ofrece. Tú decides cuándo lidiar con él. No tienes que reaccionar al instante. A veces, el silencio es la mejor respuesta.
- No te dejes llevar por la emoción. Sobre todo al principio. Habrá momentos en los que sentirás el impulso de imponer tu respuesta intuitiva a tu respuesta lógica y racional. Son momentos para hacer una pausa, salir de la habitación e ir a dar un paseo.
- No les cargues el muerto a otros (ni siquiera a mí). No hace falta que les digas que todo va a cambiar de repente ni que el reputado experto en comportamiento / trepa con suerte / maníaco peligroso de Paul Dix dice... Cambia las cosas poco a poco y de manera gradual, sin fanfarrias ni atribuirle el mérito a nadie. Los cambios son tuyos.

PÍLDORAS INFORMATIVAS

- Dale las gracias a tu hijo antes de que haga nada: un «Gracias por recoger eso» funciona, pues presupone una buena conducta. «Gracias por cerrar la puerta» es una forma más amable de corregir el comportamiento, aun cuando sean lo bastante mayores para saber lo que están haciendo. Para aumentar las probabilidades de que digan que sí, da por sentado que van a seguir las instrucciones y formula tu petición en consecuencia. «Gracias por quitarte los zapatos»; «Gracias por esperar pacientemente en tu sitio»; «Gracias por echar esa camiseta sucia a la lavadora». Es una victoria rápida que funciona sorprendentemente bien.
- Los niños ven, los niños hacen. Tu ejemplo es más importante de lo que imaginas. Asegúrate de que tu comportamiento sea siempre el que te gustaría que tus hijos copiaran.

5
A REINICIAR LAS NORMAS
Se puede ser estricto sin dejar de ser amable

Estoy seguro de que crees firmemente que en tu casa hay normas. Sin embargo, si no las has definido en repetidas ocasiones, enseñado infatigablemente y utilizado para estructurar el comportamiento diario, es poco probable que las entienda alguien aparte de ti.

Esto es importante. Los límites deben ser comprendidos por todos antes de que puedan respetarse como es debido. Esperar a que el niño traspase los límites para enseñarle su existencia es un planteamiento habitual. Pero, de esta forma, el niño nunca interioriza los límites ni entiende por qué existen. Simplemente, se acostumbra a que le corrijan sin cesar.

No solo necesitas normas. Hacen falta reglas que vivan y respiren la relación a diario. Normas y rutinas sencillas y claras que se enseñen sin descanso.

Empieza por algo sencillo. Pregúntale a tu hijo si sabe

cuáles son las normas. Puede parecer una pregunta extraña, pero te sorprenderá la respuesta. Es probable que se quede perplejo («¿Las qué?») o que responda vagamente («Bueno, sé que no te gusta que...» o «Me gritaste cuando...»). Es poco probable que tus hijos sepan cuáles son las normas porque las han ido pillando de forma implícita. Puede que solo existan en contextos específicos o que nunca se las hayan comunicado de manera explícita.

Tu reto consiste en enseñárselas hasta que se las sepan al dedillo y piensen en ellas antes de actuar. Eso implica repetir las reglas en todas y cada una de las conversaciones sobre conducta, al menos durante un tiempo. Significa que cada vez que refuerzas un buen comportamiento o corriges uno malo se da el contexto para comentarlas. No te estás inventando las normas sobre la marcha ni esperas que tu hijo las pille al vuelo.

Tus normas, por ende, no existirán solo en un contexto determinado, sino que se aplicarán en todas las circunstancias. Así ahorrarás tiempo, esfuerzo y energía. Ya no tendrás que justificar por qué no puede haber huevos a la escocesa debajo del edredón cada vez que te los encuentres.

Normas sencillas comunicadas con sencillez

Si te estás planteando sentarte con tu hijo e iniciar un proceso de creación de normas radicalmente democrático, permíteme ahorrarte tiempo. Las normas las tienes que decidir tú. Eres el adulto: tú pones los límites.

Cuando tu hijo las haya aprendido, claro que podrá sugerirte cambios. Y tú podrás rechazarlos amablemente. Las normas son las normas. Si empiezas a flexibilizarlas porque a tu hijo no le gustan, los problemas no tardarán en presentarse. Cuando tu hijo entiende las normas, tiene una base segura y sólida sobre la que construir un mejor comportamiento. Las normas hacen que los niños se sientan seguros, aunque las desafíen con frecuencia.

Si quieres sentarte con tu hijo y hablar de las normas, podéis centraros en lo que significan según se dé una situación u otra. Pero eso no implica que estés negociando la naturaleza de dichas reglas. Habla con tu hijo sobre cómo le ayudarán las normas a hacer las cosas bien y qué podría constituir ir más allá en cada caso. En lugar de invitarle a crear sus propios límites, ayúdale a aprender a mantenerse dentro de los tuyos.

Al contrario de lo que podría decirnos la intuición, no es creando reglas como tu hijo las hará suyas, sino gracias a que se las enseñes cada día.

El truco está en simplificar al máximo las normas. A menudo, las familias elaboran documentos enrevesados donde describen un reglamento con todo lujo de detalles y explican cómo aplicarlas a cualquier situación. Las conclusiones se exponen debidamente en un póster colocado en la cocina, coloreado con esmero y repleto de siglas: «COMPÓRTATE: Cuida, Ordena, Mima, Persiste, sé Original, eeeeh, Re... lo que sea». Se olvida al instante, claro está. No tarda en convertirse en otra obra de arte expuesta en la nevera, tapada por los menús de comida para llevar y notas del tipo «La abuela se queda este fin de semana, descongela la lasaña, desinfecta al perro».

Aunque esté grapado al batido de chocolate, no es un póster lo que va a hacer el trabajo por ti. Es tu decisión de remitirte a las normas en todo momento. Es tu comportamiento el que crea un clima de coherencia para tu hijo y asegura que sepa exactamente dónde están los límites.

Reglas de oro

Ante la tarea de crear un conjunto de normas, muchas familias optan por cinco. Parece un número redondo y no cabe duda de que cinco reglas son perfectamente manejables. De hecho, incluso cinco son demasiadas.

Una directora me contó una vez con orgullo que había reducido la lista de veinte reglas de su instituto a tan solo cinco reglas de oro. En las dos últimas semanas había celebrado dos asambleas por curso para hablar sobre las cinco reglas de oro y estaba convencida de que habían salido de maravilla.

—Hoy podemos dedicarnos a otra cosa, Paul. Ya no hace falta que repasemos las normas —aseguró.

—Puede ser, pero ¿podríamos preguntarles a los niños si se las saben? —repliqué.

Aceptó a regañadientes, sin dejar de insistir en que todos las conocían, y nos pusimos a buscar a un alumno. No tardamos en dar con un niño pequeño que iba rumbo al lavabo con una llave diminuta sujeta a un enorme bloque de madera. Solo tenía seis años y arrastraba el bloque por el pasillo como si llevara una bola atada a una cadena.

—Verás, soy raro y esta es una pregunta extraña, pero ¿te sabes las normas de la escuela? —le pregunté.

El niño pareció confuso y pensativo al mismo tiempo; tras una pausa exclamó, muy convencido:

—¡Los gorros! Son los gorros, ¿no? Una de las normas es no llevar gorro.

—Margaret, ¿es «no llevar gorro» una de las cinco reglas de oro?

—No —contestó la directora, un poco desanimada.

De modo que nos pusimos en marcha de nuevo, atravesamos el colegio y entramos en una clase llena de alumnos de once años que se preparaban para los exámenes. Me paré un momento a hablar con una de las chicas.

—Soy raro y esta es una pregunta extraña, pero ¿sabes cuáles son las normas del colegio?

Se quedó tan perpleja como el niño de seis años, pensó la respuesta un rato y anunció:

—¡Las capuchas! La norma es no llevar capucha.

La directora empezó a alejarse con sospechoso brío.

—¿Son las capuchas? —exclamé a su espalda—. ¿Es «no llevar capucha» una de las reglas de oro?

—No, claro que no son las capuchas —contestó con brusquedad.

—Sí que es raro, porque el primer niño ha hablado de gorros y la segunda de capuchas, por lo que está claro que les has transmitido algún tipo de mensaje.

Poco a poco me di cuenta de que el motivo era el clima. Para ser exactos, el clima del norte de Inglaterra. Estábamos en Oldham, donde refrescaba incluso en verano. Todas las mañanas, un grupo de profesores saludaba a los niños exclamando: «Gorros y capuchas». Eran las primeras palabras que oían los niños al comenzar el día.

Mi directora había descubierto la primera regla de la elaboración de normas: las que importan no son las que se presentan a bombo y platillo, sino las que realmente salen de boca de los adultos. Eso quiere decir que es difícil conseguir que una regla sea asimilada, y cinco, mucho más.

El número mágico

El número de normas que buscas es tres. Es un conjunto fácil de recordar, de relacionar con uno mismo y de entender. Como nos enseñó De La Soul en su día, el tres es el número mágico.*

Tus tres reglas tienen que ser más breves de lo que piensas. Tienes que ser capaz de encajarlas fácilmente en el desarrollo de una conversación. Algunas reglas son loables, pero demasiado engorrosas. Prueba a encajar

---

* De La Soul es un mítico trío de rap estadounidense (dúo en la actualidad, tras la muerte en febrero de 2023 de Trugoy the Dove) que ha tenido una influencia enorme en la escena del rap y el hip hop mundial desde finales de la década de los ochenta. *(N. de la T.)*

«Ama a tu prójimo» en una discusión sobre los deberes: «Mira, ya te he dicho que amar al prójimo significa hacer bien las preguntas cuatro, cinco y seis». No funciona. Si tus normas son largas y farragosas, no se podrán usar fácilmente en las conversaciones sobre comportamiento y se olvidarán enseguida.

Por lo tanto, las tres reglas deben estar representadas por tres palabras nada más. «Amable, cooperativo, tranquilo» funcionan. No me he topado aún con ningún comportamiento que se escape al alcance de estos conceptos, que encajan con total facilidad en las conversaciones sobre conducta. Puedes elegir otras opciones siempre y cuando sean lo bastante amplias como para cubrir cualquier situación y lo bastante flexibles como para que se mencionen siempre. «Cuidadoso, educado, amable»; «servicial, humilde, honesto»; «dignidad, humildad, valentía». Las tres palabras que elijas importan menos que la frecuencia de uso y tu compromiso con ellas.

El objetivo es incorporar estas normas a las conversaciones cotidianas con total naturalidad. No hace falta empapelar la casa con pósteres. Basta con hablar de las normas. Al principio, las destacarás y enfatizarás mucho; hasta podría sonar un poco falso y verse como un giro notable en el modo en que hablas de las expectativas. Pero en un abrir y cerrar de ojos se aceptarán, entenderán y utilizarán para enmarcar toda la conversación sobre el comportamiento.

Cómo las normas estructuran la vida

Las normas deberían estar en todas partes. Deberían estar presentes en casa y fuera de ella. En los restaurantes, los supermercados y el autobús. No son una solución temporal para una fase de mala conducta. Son una estrategia para siempre, fácilmente extrapolable y adecuada a cualquier entorno.

Las tres reglas estructuran tu vida cotidiana. Proporcionan tres perchas en las que colgar todos los comportamientos. El papel que desempeñan se volverá evidente. Puede que los extraños murmuren con cierto asombro al oírte educar, y no limitarte a corregir o elogiar, a tu hijo. Puede que no quieras ser profesor, pero en casa siempre estás enseñando comportamiento. Acostúmbrate a referirte a las normas continuamente.

«Cuando vayamos a ver a Violet, tenemos que acordarnos de que ella no oye si nos pisamos al hablar. Nuestra regla de la calma será importante.»

«Tenemos que ser considerados con los demás cuando caminamos por el andén del tren. ¿Cómo debemos actuar para respetar esa norma?»

«Son las 7:30 y tenemos que estar listos para salir de casa dentro de veinte minutos. ¿Qué tiene que pasar ahora para que podamos seguir la regla de estar preparados?»

Las normas deben estar omnipresentes no solo al hablar con tus hijos, sino cuando hables de ellas con otras personas. Encuadra siempre tus conversaciones con abuelos, tías, tíos, primos y amigos sobre el comportamiento de tu hijo en el marco de las tres reglas. «Amir es muy atento. Cuando fuimos al teatro había un soldado anciano que quería charlar con él y Amir le hizo unas preguntas muy comedidas y respetuosas.»

Es un método sutil pero poderoso: significa que todos los que rodean a tu hijo, ya sea de manera consciente o no, ven su comportamiento a través de la lente de tus normas. Todo el mundo se va con la idea de que Amir es atento. Cuando tu hijo recibe este mismo mensaje desde múltiples ángulos, no tarda en creer que forma parte de su carácter. Goteo, goteo, goteo.

Rutinas que funcionan

Las normas se pueden adaptar hasta el infinito, pero no son más que brochazos. Hay que averiguar qué aspecto tienen cuando chocan con la realidad cotidiana. Es ahí donde las rutinas vienen que ni pintadas.

Son tus rutinas las que desglosan las normas para poderlas aplicar a diferentes situaciones. Es en las rutinas donde residen los detalles de cómo comportarse. Es fácil conseguir que tu hijo se acuerde de las normas cuando solo hay tres. Lograr que se acuerde de cómo actuar para cumplirlas es más complicado, y son las rutinas las que aportan la estructura necesaria.

Mi hermana Sue es una entrenadora de perros consumada. Responde a casi todas las preguntas sobre el comportamiento de los perros con la misma respuesta. ¿Ladra demasiado? Adiestramiento. ¿No viene cuando se le llama? Adiestramiento. ¿Se comporta mal con otros perros? Adiestramiento. La respuesta es, en todos los casos, adiestramiento.

Cambia adiestramiento por rutina (y perros por niños) y la respuesta es perfectamente aplicable a la crianza. Con esto no pretendo sugerir que se debe adiestrar a los hijos como si fueran perros.* Pero la respuesta a tus problemas es la misma: las rutinas son pautas de entrenamiento para niños.

Eso no significa que tenga que haber una rutina para todo. El exceso de rutinas no es divertido. Se necesitan rutinas para las secuencias de comportamiento más frecuentes, no para todas y cada una de las ocasiones. Tener «la rutina del autobús», «la rutina de andar por la acera» y «la rutina de ir a casa de la abuela» no tarda en acabar sobrepasando a todo el mundo. Se vuelven imposibles de recordar y resultan en una ausencia total de rutinas. «¿Te acuerdas de la rutina de ir a casa de la abuela? No, yo tampoco. Tú sé amable y ya está, ¿vale?»

El truco está en aplicar tus tres reglas a las rutinas diarias que conforman la vida cotidiana. Si tu regla es «cooperativo», esto se traducirá en la práctica en comportamientos específicos a la hora de prepararse para ir a la cama. Defínelas para y con tu hijo. Quizá decidas que, en la práctica, «cooperativo» significa no intentar negociar la hora de acostarse. A partir de ahí, podrás incorporar este lenguaje a la rutina en el contexto específico.

---

* Aunque me gustaría poder enseñarle a mi hijo pequeño a dejar de orinarse en la tapa del váter.

Estas rutinas son tus normas desglosadas en pasos prácticos y/o comportamientos. Observa los siguientes ejemplos: son rutinas muy sencillas que se pueden aplicar una vez al día como mínimo. Todas merecen una semana de atención completa para poder aprenderse y reforzarse adecuadamente. Todas son un «Así se hacen aquí las cosas» en acción.

Cinco rutinas que dan resultado

- *Rutina matutina tranquila*
  Fuera de la cama con prontitud
  Dientes y tostadas sin ayuda
  Con la ropa puesta y la mochila preparada a las 8:10
- *Rutina para cruzar la carretera de forma segura*
  Teléfono guardado
  Auriculares quitados
  Cabeza levantada, ojos en la carretera
- *Rutina práctica de vuelta del cole*
  Mochila, zapatos y abrigo guardados
  Merienda
  Descanso de treinta minutos
- *Rutina cooperativa para la cena*
  Empezar a comer cuando todo el mundo esté listo
  Comer con la boca cerrada
  Preguntar antes de levantarse de la mesa
- *Rutina tranquila a la hora de acostarse*
  Teléfono fuera del dormitorio
  Ropa preparada (para la mañana)
  Luces apagadas a las 21:00 en punto

Muro de la muerte

Si se enseñan bien, las rutinas desembocan en un comportamiento bastante automático. Los niños no piensan en ellas, las hacen y punto.

Antes de convertirme en profesor pasé un año ejerciendo de ayudante y enamorándome del oficio. Mi fervor era ilimitado y me caracterizaba por tener más confianza en mí mismo que destreza, de manera que aceptaba de buen grado tareas que estaban muy por encima de mi capacidad: me ofrecía para cubrir clases, entrenar al equipo de natación, dirigir expediciones, etcétera.

En esta fase de mi carrera, no era raro que me pidieran ocuparme de una clase durante unos minutos o incluso empezar la lección mientras llegaba el profesor titular. Por lo general, me tocaban los alumnos más mayores, a los que se machacaba hasta la extenuación. Sin embargo, un día en que habían faltado muchos compañeros, me pidieron que empezara la clase de Educación Física de los más pequeños. Recuerdo que pensé que los niños de cinco años debían de ser mucho más fáciles de manejar que los adolescentes angustiados a los que me había acostumbrado. Me equivocaba.

Llegué al pasillo y vi que los niños ya se habían puesto en fila y esperaban en la puerta. Estaban impacientes por entrar y me encantó su entusiasmo. Abrí para que pasaran, como solía hacer con los mayores, al tiempo que les pedía que se sentaran en círculo en medio del suelo.

Sin embargo, nadie oyó la orden, que se perdió en la emoción cacofónica de niños entrando en un espacio enorme. El grupo, liberado en aquella sala, parecía estar formado por presos puestos en libertad tras un mes en la celda de aislamiento. Corrían de un lado para otro con los brazos extendidos, algunos dando brincos, otros esprintando, algunos haciendo el avión y otros como si fueran dinosaurios voladores. Era un tornado de niños de cinco años conmigo en medio.

Mientras intentaba con valentía recuperar el control —o incluso la atención— del grupo, me vi rodeado por un muro de la muerte gritón y chirriante. Imprimí a mi voz el máximo volumen y la seriedad de que fui capaz, pero solo sirvió para estimularlos más. Cuanto más gritaba, más animados parecían los niños. Toqué el silbato, pero lo único que consiguió provocar fue un grito comunal y una atropellada estampida. Justo cuando me preguntaba cómo podría detenerlos, sentí que algunas personas me observaban. Me di la vuelta y vi cinco caras apretujadas contra el pequeño cristal rectangular de la puerta. Eran mis colegas, que se desternillaban de la risa y que llevaban allí el tiempo suficiente para ver cómo se desarrollaba todo el drama.

El jefe del departamento de Educación Física se compadeció de mí y entró en el aula al grito de «¡Quietos!», tras lo cual los treinta niños se detuvieron de inmediato. Fue increíble, impresionante y humillante a la vez.

La rutina de estos niños consistía en esperar esa señal. La tenían muy asimilada, la habían practicado en todas las clases. Yo no conocía el código, no conocía la rutina y, por tanto, no tenía ninguna posibilidad.

Entrenamiento, entrenamiento y más entrenamiento

Esta terrible experiencia con los chillones de cinco años demostró que no basta con introducir las rutinas. Hay que enseñarlas sin descanso. Acuérdate de los perros: adiestramiento, adiestramiento y más adiestramiento. No siempre resulta fácil. Lo más importante es establecer normas realistas. No se les puede exigir a los niños un comportamiento superior al de los adultos. Si sales a rastras de casa en pijama mientras te metes en la boca los restos del kebab de la noche anterior a las 8:07 de la mañana (no te estoy juzgando, solo lo comento...), el ejemplo que das no es válido. Los niños copian a los adultos. Incluso los mayores que se esfuerzan por no hacerlo.

Así pues, tómate tu tiempo para identificar cuáles son las rutinas y las normas que cumpliréis. Hazlo despacio y de manera explícita. Cuando quieras cambiar una rutina existente, puede ser útil planificarla juntos. Empieza con unos trozos de papel y anota todos los pasos que dan ahora mismo. Tenlos a la vista delante de ti mientras habláis: «Cuando te pido que hagas los deberes, pasa esto...».

- Paso 1. Me dices que no tienes deberes.
- Paso 2. Desapareces un rato.

- Paso 3. Empiezas a hacer alguna tarea muy complicada que no tiene nada que ver con los deberes.
- Paso 4. Discutimos.
- Paso 5. Después del disgusto y de dar unos portazos, te vas a hacer los deberes.
- Paso 6. Los profesores no están contentos con la calidad del trabajo y dicen que lo has hecho con prisas.

Ahora planifica lo que ocurrirá la próxima vez. Poneos de acuerdo y escribe cada paso en un papel de manera que sea un reflejo de la vez anterior. Pon un papel al lado del otro.

- Paso 1. Comprobamos juntos el tema de los deberes.
- Paso 2. Tú te quedas en la mesa y yo preparo un aperitivo.
- Paso 3. Trabajas veinte minutos en silencio; pon un cronómetro.
- Paso 4. Consulta rápida para ver si necesitas ayuda; aperitivo.
- Paso 5. Trabajas veinte minutos en silencio; pon un cronómetro.
- Paso 6. Lo revisamos juntos para asegurarnos de que cumple con lo que tus profesores esperan.

Por último, reduce la nueva rutina a tres pasos fáciles de memorizar que se puedan relacionar con la regla «rutina colaborativa para los deberes».

- Comprobación tranquila.
- Aperitivos y cronómetro.
- Trabajo en silencio con apoyo.

Cuando introduzcas esta rutina por primera vez, tómate un momento con tu hijo para repasar cualquier ambigüedad. Hazle algunas preguntas para asegurarte de que entiende lo que se espera de él. Por ejemplo, «el teléfono fuera de la habitación» parece bastante claro, pero ¿dónde y en qué momento de la rutina de irse a la cama hay que dejar el teléfono? Haz la pregunta y pide que te lo aclare.

Ahora estás en modo entrenamiento. Explícales que les recordarás la rutina acordada si lo necesitan y que te asegurarás de que no vuelvan a la rutina anterior. Ahora puedes hablar fácilmente de la rutina: «James, ¿recuerdas el nuevo paso 3?»; «Chloe, genial, es el paso 2, gracias».

Recordatorios constantes

No creas que basta con haber enseñado la rutina una vez. Acuérdate de nuestra directora de Oldham: «Que lo hayas enseñado no significa que lo hayan aprendido». Enseñar rutinas requiere persistencia.

De manera que necesitas tu propia rutina para recordarle a tu hijo la suya. Una especie de metarrutina. Y esta rutina tiene que convertirse en una característica cotidiana de tu vida. Sobre este punto puedo ser un poco más prescriptivo:

- Pausa.
- Repasa los pasos de la rutina.
- Pregunta para comprender.

Estos recordatorios requieren una pequeña inversión de tiempo cada vez que se llevan a cabo. Ayudan al niño a recordar y gestionar la transición. Una vez más, pregunta: «Vamos a tener que cruzar esta carretera con tanto tráfico dentro de un momento. ¿Recuerdas cuál es nuestra rutina para cruzar la carretera sin peligro? ¿Qué más debemos recordar cuando cruzamos la carretera? ¿Cómo nos mantendremos a salvo? ¿Qué es lo primero que tenemos que hacer?».

En ese momento, las demás distracciones se dejan a un lado. La rutina enmarca lo que va a suceder a continuación y le brinda al niño la oportunidad de comportarse de un modo extraordinario, pues sabe exactamente lo que se espera de él. Por el contrario, intentar intervenir cuando ya estáis cruzando no saldría bien. Resultaría tenso, precipitado y emocional.

Cuando se inicie la rutina, observa y refuerza los comportamientos que ya han cambiado para llevarla a cabo correctamente. De nuevo, elige palabras y frases que hagan referencia a ella:

«Oscar, gracias; eso es exactamente lo que acordamos para el primer paso.»

«Lana, genial, ya te estás yendo a la cama.»

«Qué bien, Pranav, tu rutina para prepararte es perfecta.»

Más entrenamiento, entrenamiento y entrenamiento

Cuanto más repitas la rutina, antes la acogerán, aprenderán y esperarán tus hijos, aunque es importante que no te conformes con una rutina lo «suficientemente buena». No dejes de enseñársela hasta que sea exactamente como la quieres. Que sea perfecta. Que no se escape un detalle. Cinco minutos no son siete; pedir permiso para levantarse de la mesa no se restringe a los fines de semana, sino a todos los días.

No buscamos un entrenamiento de estilo militar, pero no hay nada malo en ser un poco exigente. Por algo esos soldados llevan botas tan relucientes.

Teniendo esto en cuenta, es imperativo que la primera rutina que introduzcas sea la más exigente de todas. Su perfección determinará la calidad de todas las posteriores. Si empiezas con una rutina que está bien a secas, se convertirá rápidamente en una rutina «pse» que estará a un paso de desaparecer del todo. Así pues, durante la primera semana de enseñanza de una nueva rutina, da por sentado que el niño se enfrenta a la actividad por primera vez y enséñasela continuamente. Vuelve a las rutinas clave con frecuencia después de la primera semana y repite el mismo proceso. Goteo, goteo, goteo.

Tras unas pocas semanas, las rutinas se pondrán en marcha con solo levantar una ceja. Los demás padres se quedarán boquiabiertos ante tus destrezas. Te harán una ligera reverencia cuando pases por delante de la puerta del colegio. La gente te dejará pasar en la cola del supermercado y se detendrá para felicitarte por ser un experto educador.

Desde fuera, parecerá milagrosamente fácil. La verdad es que, detrás de tu fachada despreocupada, ha habido un duro trabajo de perfeccionamiento de las rutinas hasta convertirlas en un rasgo familiar. Otra pequeña parte más del «Así se hacen aquí las cosas».

Las inevitables infracciones

Un amigo mío recuerda ver en una ocasión a un padre llevando en brazos a su hijo de cinco años por la calle mientras la criatura le daba puñetazos en la cara sin parar. El padre trataba de detener aquel despliegue de violencia continuada con palabras: «Va, Jacob, no hagas eso». Lo repitió cinco o seis veces. Los puñetazos del niño no cesaron.

Mejor respuesta habría sido un «No» firme, dejar al niño en el suelo y hablar con él, cogiéndole de las manos en caso de que siguiera con ganas de dar puñetazos. Todos los niños ponen a prueba los límites. Algunos querrán hacerlo enseguida y sin parar. A unos pocos les molesta que se imponga el orden y pisotearán todas las normas y rutinas que se te ocurran.

Por eso conviene diferenciar entre pequeñas infracciones (saltarse el paso 1 de la rutina colaborativa para los deberes) y graves incumplimientos (pegar repetidamente a papá en la cabeza). Tendrás que responder de forma diferente en cada caso.

Hay que corregir las pequeñas infracciones. Necesitan un recordatorio, quizá una advertencia: «Recuerda nuestra norma sobre...»; «Tienes que seguir las instrucciones, esto es una advertencia, piensa detenidamente tu próximo paso». Estas pequeñas correcciones no hacen más que mantener la raya, restablecer el límite cuando se pone en tela de juicio. No hay necesidad de enfadarse o frustrarse, al fin y al cabo, tú pusiste las normas sabiendo que esto ocurriría. Espéralo, planifícalo.

No obstante, los incumplimientos graves de las normas requieren una respuesta más seria. Esa escalada no debe percibirse en tu voz, sino en tus acciones. Ve a un lugar donde puedas hablar en voz baja. Explícale las consecuencias y vuelve a dibujar los límites (hablaremos de ambas cosas más adelante), y dale tiempo al niño para pensar y reflexionar. Tu respuesta le indica con claridad que algunos comportamientos son peores que otros. En el capítulo 7 veremos cómo responder en cada caso.

Las normas y las rutinas pueden parecer un poco estériles, pero son los cimientos de un buen comportamiento. Cuanto más tiempo dediques a enseñarlas, mencionarlas y reforzarlas, más a menudo las cumplirán e incluso superarán tus expectativas.

Sin ellas, el «Así se hacen aquí las cosas» no tiene sustancia ni significado real. Con ellas, tienes la seguridad de que tus retoños saben cómo comportarse en cada situación.

PONTE A PRUEBA

- Pregúntale a tu hijo cuáles son las normas tras llevar cinco días enseñándoselas. Observa lo rápido que las recuerda y cómo las entiende. Compara esto con la primera vez que le preguntaste cuáles eran las normas y te miró con cara de no entender nada y empezó a tratar de adivinar lo que se te pasaba por la cabeza.

TEN EN CUENTA

- No te irrites porque tu hijo te plante las normas delante de la cara. Que tu pequeñín de cinco años te regañe por incumplir la norma concerniente a la seguridad cuando te has encaramado a la encimera para encontrar el Ferrero Rocher que se te ha caído por detrás de la nevera puede resultar molesto. Significa que tus normas funcionan. Obedécelas. A los niños, como a los adultos, no les gusta que las personas al mando no cumplan las normas. La caída en desgracia de muchos políticos es una prueba de ello.
- No pongas normas y luego te olvides de mencionarlas hasta que alguien las incumpla. Intentar apagar fuegos utilizando las normas no es buena idea. Siempre es mejor prevenir. Menciona tus normas todos los días.
- No introduzcas demasiadas rutinas nuevas o revisadas a la vez. La sobrecarga de rutinas solo sig-

nifica que se ejecutan mal muchas de ellas en lugar de que una o dos se lleven a cabo de forma brillante. Pon el listón desde el principio completando menos rutinas de mayor calidad. El resto de las rutinas puede desarrollarse a partir de ahí.

PÍLDORAS INFORMATIVAS

- Pídele a tu hijo que te recuerde una rutina antes de decirle que la ejecute, aunque esto signifiquen quince segundos extra antes de cruzar cada carretera durante un tiempo.
- Asegúrate de que las normas y rutinas sean asequibles para que otros adultos de tu vida puedan utilizarlas también. Escribe las normas y rutinas principales en una sola hoja de tamaño A4. Luego, ponlas a la vista de abuelos, canguros u otros miembros de la familia.
- Guarda tus rutinas escritas donde te resulten más útiles. Una tarjeta pequeña o una nota adhesiva funcionan. Piensa dónde ponerlas: la rutina de estudio tiene que resultar visible desde donde se estudia; la rutina de la cena no sirve de nada si solo está en tu cabeza, y la norma del respeto debe verse bien en el lavabo si tienes un hijo con una actitud despreocupada a la hora de apuntar.

6
MANTRAS POSITIVOS, GUIONES POTENTES

Deja de improvisar y apréndete el guion

Lo que les dices a tus hijos en los momentos difíciles deja entrever tus expectativas. Por lo tanto, debe ser coherente y estar planificado con antelación.

¿Qué tres mensajes quieres que escuchen cada vez que las cosas se tuercen? ¿Y si les dijeras exactamente lo mismo acerca de su comportamiento cada día durante los próximos treinta días? ¿Qué impacto tendría eso en vuestra relación y su conducta? Seguro que querrías que tus palabras fueran alentadoras, inspiradoras y positivas. Esas frases son tus mantras positivos. Tú decides cuáles son. Goteo, goteo, goteo.

¿Qué hay de la forma en que acompañas a tus hijos para que vuelvan a acatar las normas? Cuando sobrepasan los límites, ¿qué haces para que tu reacción sea predecible, clara y tranquila? Tendrás que responder a los comportamientos recurrentes de forma coherente y volver a trazar los límites de forma predecible. Estos mensajes son tus guiones. Apréndetelos y repítelos. Goteo, goteo, goteo.

Estos mantras y guiones preparados de antemano son los valores predeterminados a los que debes volver cuando las cosas se ponen difíciles. Mientras que el reconocimiento positivo consiste en adornar cada nueva mañana con momentos edificantes, tus mantras y guiones son la forma de responder a tu retoño de un modo coherente cuando su comportamiento se vuelve inestable. Son la base sobre la que construirás el amor, la seguridad y la previsibilidad en cada pequeña corrección.

El efecto acumulativo de enviar exactamente el mismo mensaje, día tras día, utilizando las mismas respuestas verbales, es notable. Se trata de otro pequeño ajuste que recompensa con creces. Cambia lo que le dices a tu hijo y cambiarás su comportamiento, pues estarás cambiando las normas que rigen la relación.

Etiquetas basadas en la carencia

Hemos visto ya por qué el lenguaje es tan importante. Dile a un niño que es travieso e interiorizará y se tomará muy a pecho la etiqueta. Dile con frecuencia que es travieso y filtrará todas sus decisiones y comportamientos a través de esa creencia. «Qué desordenada que eres siempre»; «Nunca te sientas bien a la mesa»; «Eres un maleducado».

Este principio es aún más importante cuando se corrige un comportamiento. Es necesario tener un guion al dirigirte a tu hijo en esos momentos peliagudos. Debes asegurarte de que sepa que no estás criticando su carácter, sino su conducta.

Esto lo aprendí de Ruth, que tenía trece años y estaba perdiendo el norte. Iba a la escuela porque era lo que tenía que hacer, y no porque fuera un lugar donde obtener buenos resultados. Ruth tenía una personalidad tipo Ígor, de *Winnie the Pooh*, si bien en una versión mucho más agresiva. Su imagen de sí misma era tan pobre como su capacidad para tratar con los demás.

Daba la sensación de que lo único que le habían dicho a Ruth toda su vida es que era traviesa. Esta etiqueta se había adherido a todo su carácter, no solo a su comportamiento. Le habían estado diciendo sin cesar que era traviesa en su casa; también sus profesores, sus amigos e, inevitablemente, ella misma. Aquel adjetivo se había convertido en sinónimo de su personalidad. Poco a poco se había ido volviendo una enfermedad incurable que le servía de excusa para hacer precisamente lo que quería: «A mí no me eches la culpa, es que soy traviesa».

Intentar elogiar a Ruth era difícil. No encajaba con su estilo. Desde luego, no lo consentía en público; incluso de tú a tú le costaba: «Sí, claro, no me lo creo». Rechazar cualquier visión positiva de sí misma y cubrirse con la etiqueta basada en sus carencias se había convertido en un recurso cómodo para ella.

Sus notas no eran buenas. Al llegar a octavo, tenía serios problemas académicos. El refuerzo negativo constante la había sumido en una espiral de evasión del trabajo, absentismo escolar y exclusión. La encontrabas a menudo al final del bloque B, debajo de las escaleras, detrás de las mesas apiladas, en la «oficina de Ruth», como no tardó en empezar a llamarse el rincón. La única forma de corregir esta imagen negativa de sí misma era subrayar la idea de que su comportamiento y su carácter eran dos cosas distintas, tanto en la mente de los adultos como en la suya propia. El mensaje central al que llegamos era sencillo: «Me caes bien, pero no me gusta este comportamiento en concreto».

El cambio en la formulación era pequeño pero poderoso. Esta distinción deliberada permitió a Ruth ver que había aspectos positivos en su conducta, y que esta era algo que hacía y no lo que era: «Ruth, me gusta tu humor, pero no me gusta que tires la comida»; «Me gusta tu entusiasmo, pero no me gustan los gritos»; «Me gusta lo amable que sueles ser, aunque tu comportamiento de hoy no lo es».

Al principio, Ruth rechazaba rotundamente la primera afirmación. Casi como si quisiera que te rindieras, y era tentador pensar que la estrategia no estaba funcionando. Pero siempre recordaré los primeros brotes verdes. No se dejaron ver en lo que dijo, sino en lo que calló, en la primera vez que no protestó en respuesta a un elogio. En lugar de decir: «No soy amable. / No soy divertida. / Eso no es verdad», hizo una pausa. Fue la primera vez que recibió una reflexión positiva sin ponerse a la defensiva.

Cambiar la visión que la gente tiene de sí misma nunca es rápido. Sin embargo, Ruth comenzó poco a poco a aceptar las reflexiones positivas. Al final, logró ver su comportamiento como algo independiente que podía controlar, cambiar y mejorar. Fue el primer paso para salir de una espiral de pensamientos negativos. Con el tiempo, fue capaz de oír lo positivo sin reaccionar. Con más tiempo, pudo escucharlo y considerar que podía ser sincero, incluso cierto. El mismo principio se aplica a la crianza. Tu hijo y su comportamiento no son lo mismo. Hay que adoptar frases corrientes y relacionales que lo dejen claro, sobre todo cuando se corrige una conducta.

«No me ha gustado cómo te has dirigido a mí antes y tenemos que hablar de eso ahora. Te quiero. El problema es tu comportamiento.»

«Te quiero, pero tenemos que cambiar ese comportamiento.»

«No me gusta la decisión que has tomado, pero no pienses jamás que no te quiero.»

Tu hijo necesita saber que tu amor no está condicionado a que tome las decisiones correctas siempre. Nadie puede alcanzar un listón tan alto. Los niños necesitan saber que, aunque su conducta se vuelva inestable, tú los querrás pese a todo.

Díselo cada vez que piensen que quizá hayan ido demasiado lejos.

Mantras positivos

Elaborar mantras positivos que tengan sentido para ti y para tu hijo se traducirá en los resultados que necesitas en los momentos que antes eran tensos. Sustituye los ajustes de fábrica no deseados por palabras que tú mismo hayas elegido. Las palabras adecuadas deberían salirte sin pensar de la boca aunque el resto de tu ser se sienta desbordado por el pánico (o el éxtasis) a causa del comportamiento de tu hijo.

Todo esto requiere un poco de planificación. Estás enseñando comportamiento y puede que tengas que estar en modo docente, tanto en lo que respecta al tono que usas como a la precisión de la respuesta. No te preocupes, no te hará falta una carpetita con los apuntes, coderas ni un aire desenfadado de agotamiento extremo.

Lo más importante es que un mantra no es una queja, un lamento o una excusa para reñir. «Por el amor de Dios, ¿puedes ordenar la PUÑETERA habitación de una vez?» no es un mantra positivo, aunque lleves muchos años repitiéndolo día tras día.

Los mejores mantras positivos se adaptan fácilmente a tu forma de hablar. Utilizan un lenguaje natural y significativo para ti. Son sencillos, claros y no resultan irritantes al enunciarlos o recibirlos.

Es posible que tengas un mantra que subraye unos límites específicos. Quizá sea tan sencillo como un «Recuerda nuestra norma sobre...». Dilo con el mismo tono tranquilo y amable cada vez que tu hijo parezca dispuesto a emprender una actividad susceptible de transgredir los límites. Esto ayuda siempre a volver a la regla o rutina habitual: el mismo límite de siempre que se vuelve a trazar una y otra vez.

Por otro lado, tal vez busques un mantra capaz de recordarle a todo el mundo la visión general. Es evidente que «Así se hacen aquí las cosas» funciona, aunque también lo hacen los mantras o lemas que recogen valores familiares: «Honestidad ante todo» o «Nunca hables mal de ti mismo ni de los demás» o «Sé humilde». Con ellos les recuerdas a todos el porqué: *por qué* importa el comportamiento y *por qué* forma parte de lo que creéis como familia.

Lo importante es que elijas mantras a los que puedas atenerte. Limítate a grupos de tres y prepárate luego para jugar un partido largo. No esperes resultados inmediatos. Te propones cambiar el modo en que tus hijos piensan sobre sí mismos y eso no es nunca un apaño rápido.

Monólogos de desescalada

Si bien los mantras deberían formar parte de la rutina diaria, son los guiones los que resultan especialmente útiles en los momentos de escalada de tensión. Habrá ocasiones en que las cosas se descontrolen de forma dramática (más información en el capítulo 7). Sin embargo, con el lenguaje adecuado, puedes minimizar este tipo de escenas.

Es fácil decir lo que no toca en los momentos de tensión y agravar así, sin querer, la situación. Antes de que eso ocurra, tienes que ensayar con meticulosidad lo que vas a decir en dichas situaciones.

La clave de la desescalada es decir cosas que subrayen los límites sin provocar una respuesta defensiva. Este guion te ayudará a conseguirlo. Cuando se logra el tono, el ritmo y la entonación adecuados, funciona de maravilla. Y cuanto mejor lo hagas, más rápido funcionará. En esos momentos no buscas una disculpa instantánea, ni siquiera que tu hijo esté de acuerdo con lo que dices. El objetivo es trazar una línea, reforzar los límites y comunicarle al niño que su comportamiento debe cambiar. Se trata de un tráfico unidireccional: no está diseñado para incitar discusiones, sino para enviar un mensaje claro e irrefutable, si bien está pensado también para asegurar que el niño acepte las consecuencias con gracia y no sienta la necesidad de aumentar la tensión. Así se satisfacen las necesidades de todos los implicados, que salen ganando.

1. CONEXIÓN

Aunque no te apetezca, aunque no se te haya pasado el enfado, son necesarias ciertas garantías físicas positivas. Tu hijo necesita saber que vuestra relación sigue siendo fuerte, que le sigues queriendo pese a su reciente y estrepitoso fracaso. Lo que ha ocurrido no es más que un estiramiento de los límites, no es personal. Es un error temporal, no una señal de negligencia permanente. Si estás a punto de volver a trazar los límites, necesitas que tu hijo se concentre en eso en lugar de en estar preocupado por tu enfado: «Si estás bien, eso es lo que importa. Ven y dame un abrazo, ya sacaremos mi teléfono del microondas después».

2. ADVERTENCIA

Explica con claridad los motivos por los que abordas el comportamiento y remítete a las reglas. Como te has preocupado más de advertir que de acusar, no fomentarás ninguna respuesta defensiva. Esto es importante porque tu objetivo es entrar, transmitir el mensaje y salir sin que nadie termine con la dignidad herida: «Te he parado un momento porque me he dado cuenta de que has incumplido nuestra norma de seguridad. Las escaleras no son un salto de esquí, tú no eres Eddie "el Águila" y el cazo no es un casco oficial del equipo olímpico».*

3. CONSECUENCIA

Explícale a tu hijo cuál es la consecuencia, pero recuerda que no tiene por qué ser punitiva (véase el capítulo 8). Relaciónala con la infracción para que quede claro por

* Eddie «el Águila» es un esquiador británico que formó parte del equipo olímpico de su país en los Juegos de Invierno de Calgary de 1988. Compitió en la especialidad de salto y, pese a sus malos resultados, se convirtió en una celebridad por su perseverancia y carisma. *(N. de la T.)*

qué has intervenido: «Necesito que retires todos los cojines y mantas y los vuelvas a poner donde estaban/que pintes la pared que se ha estropeado/que le pagues una indemnización a tu hermano herido y vengas luego a la cocina para hablar».

4. Reformulación

En cuanto se impone una consecuencia, se abre un espacio natural que el niño puede aprovechar para protestar. Frena de inmediato este impulso recordándole un momento en que su comportamiento haya sido extraordinario (en el caso de los más pequeños, tendrá que ser algo que haya ocurrido hace unos minutos; en el caso de los mayores, puede ser algo que haya ocurrido por la mañana temprano o el día anterior). Este replanteamiento les proporciona un ejemplo sólido de que ya son capaces de comportarse perfectamente: «Ayer jugaste fuera de manera segura y te aseguraste de que nadie se hiciera daño. Eso es lo que necesito que hagas otra vez hoy».

5. Agradecimiento

Dale las gracias a tu hijo por escuchar. Hazlo de manera breve y dulce. A continuación, utiliza el agradecimiento como señal para irte o cambiar de tema de conversación. A veces el monólogo puede ser intenso y conviene no prolongarlo. Si consigues el ritmo adecuado y te vas en el momento acertado, el niño sentirá que el incidente ha quedado aclarado y podrá seguir adelante con su día: «Gracias por escuchar». [El padre hace mutis por el lado izquierdo del escenario, en dirección a la cocina, y desaparece.]

Cuanto más utilices este guion, más eficaz será. En cuestión de semanas se convertirá en algo tan rutinario que recurrirás a estas mismas palabras en lugar de al volumen más elevado de tu voz. Tu hijo las esperará y empezará a predecir con exactitud hacia dónde se dirige la conversación. Al cabo de aproximadamente un mes, es probable que el niño reconozca el inicio del monólogo y diga enseguida: «Vale, ya lo sé, lo siento, ahora lo limpio». Esto resulta útil cuando hay que poner límites rápidamente y en público. Si repite tus palabras o se las aprende y las dice antes que tú, no te preocupes, tú cíñete al guion.

El guion no es más que un rápido subrayado de las expectativas. Es asertivo sin resultar amenazante para la relación; es amable sin ningún atisbo de ser blando. Cuando no se te ocurra qué decir, echa mano de él. Estas palabras serán tu apoyo cuando sientas que las emociones están demasiado a flor de piel. Con un monólogo bien ensayado empezarás a reducir los incidentes provocados por enunciados sin planificar o improvisaciones desastrosas: comentarios espontáneos capaces de convertir situaciones peliagudas en imposibles.

> ## Seis respuestas comunes para rebajar la tensión en cualquier situación
>
> - «*Así no lo hacemos aquí.*» Para corregir los pequeños comportamientos antes de que se agraven.
> - «*Entiendo que te sientas así, pero...*» Para dejar de discutir.
> - «*Puedes hacerlo mejor.*» Para volver a trazar los límites.
> - «*Te quiero, pero no me gusta ese comportamiento.*» Para diferenciarlo con elegancia de la situación.
> - «*En cualquier caso, esas son las reglas.*» Para gestionar su contestación.
> - «*Te tengo que recordar nuestro acuerdo.*» Para hacerle volver al plan racional.

Juegos de poder

Necesitas un plan —y un guion— para cada momento de escalada de la conducta. Sin embargo, unos guiones son más necesarios que otros. Piensa, por ejemplo, en los juegos de poder. Un juego de poder es una discusión interminable, a menudo sobre el más mínimo desacuerdo. Imagínate esta escena:

—Te vi vapeando por la ventana / comiendo chocolate a escondidas / apuñalando a Papá Pig con la aspiradora.
—No lo viste.

—Sí que lo vi.

—¡NO ES VERDAD! Estabas en la cocina.

—No estaba en la cocina.

—¡Sí que estabas!

—¡No... estaba... en la cocina!

—¡Sí... que... estabas!

—¡Estaba en el pasillo!

—Sí, claro.

—¡Que sí!

—¡Paso de ti! ¡¡¡Me cago en todo / que te jodan / que te den!!!

Las discusiones basadas en juegos de poder se vuelven más y más intensas en un abrir y cerrar de ojos. Al final de la batalla no hay ganadores, pero siempre queda sangre en la alfombra. Y no se ha conseguido nada.

Necesitas con urgencia un guion que permita rebajar la tensión en esas situaciones. No es necesario lograr que el niño esté de acuerdo con algo para obtener el resultado que más le conviene a todo el mundo.

Hay una serie de guiones sencillos y coherentes que pueden ayudar en circunstancias así. Un acuerdo parcial y un poco de sordera táctica pueden resultar útiles. Los argumentos *non sequitur* son tus amigos: no hace falta responder a las tonterías que dice tu hijo para reducir la tensión.

—No he hecho nada.

—Sé que estás un poco conmocionado por lo que ha pasado. Vamos a tomarnos un minuto.

—Si ni siquiera estaba aquí.

—Es una pena, pero vamos a limpiarlo primero y así después podremos hablar.

—Si no estaba ni en el país, colega, mira mi pasaporte.

—Ahora después nos ocupamos de eso. ¿Estamos todos bien?

Estas palabras te evitan utilizar un lenguaje acusatorio. Aun cuando sea evidente lo que ha ocurrido, céntrate en el resultado. A nadie le gusta que le acusen de nada y suele provocar una respuesta defensiva. La batalla se centra entonces en quién va a defender su postura, en lugar de en qué vamos a hacer con la enorme mancha de pimentón del sofá de terciopelo color crema. Hay que reprimir la frustración y tu acervo de respuestas te ayuda a hacerlo. Aunque el objeto dañado sea tu *chaise longue* favorita, regalo que te hizo tu abuela justo antes de morir, las emociones aquí no aportan nada.

El juego de poder no es más que una excusa conveniente que tu hijo aprovecha para discutir sobre cuestiones semánticas y no sobre el mueble. Desde su punto de vista, es una situación mucho más cómoda, preferible, desde luego, a tener que explicar por qué ha lanzado una patada en carrera mientras llevaba un potaje en equilibrio sobre la cabeza.

Tono asertivo

Tan importante como el guion es la interpretación. Del mismo modo que ensayas tus guiones, puedes ensayar tonos, palabras y frases concretas que tengan el mismo efecto que los monólogos planificados de antemano. Empecemos por el tono. Los dos extremos de tu registro vocal pueden ser útiles para gritarle a la tele o susurrar en una biblioteca, pero no sirven para gestionar el comportamiento de tu hijo. El tono asertivo es el término medio. Es controlado y no transmite emoción; es firme sin transmitir enfado.

Cuando pases a tu registro asertivo, tu hijo lo reconocerá de inmediato. Puede que diga: «Aaah, no pongas esa voz». Es la respuesta correcta. Marca un cambio que indica que se ha pasado de la negociación, en la que el niño puede pensar que tiene muchas posibilidades de ganar, al dictado de las instrucciones que debe seguir. Incluso antes de que cambie el lenguaje, lo primero que se reconoce es el tono.

Tu hijo tiene que adaptarse a tu tono asertivo. Debe saber que las cosas se han puesto un poco serias, que hay un comportamiento que se tiene que abordar. No hace falta que sea un tono antipático, pero sí debe distanciarse de tu encanto y ligereza habituales. Hay una intención y una monotonía en la voz que indican que hablas en serio. Es el tono del profesor de Educación Física con silbato y carpeta en la mano, de la persona que atiende una llamada y te hace sentir una oleada de calma en un momento difícil, de alguien que conoce las normas y es implacable en su cumplimiento. No es agresivo ni airado pero sí firme y seguro.

La elección de las palabras también es clave. Con demasiada frecuencia, corregir un comportamiento se convierte en una súplica. Hay una desesperación al hacerlo que te hace cambiar tu posición en la jerarquía: «Porfaaaaaaaa, no intimides al hámster»; «Va, hazlo por mí, ¿podrías sacar el dedo del enchufe?». Nadie responde rápidamente a una petición semejante.

En cambio, el lenguaje asertivo indica urgencia, pero nunca pánico. Es más controlado y menos emocional que los gritos. Significa que cuando las cosas se ponen difíciles y corren el riesgo de agravarse, tu voz se mantiene firme. Prueba con las siguientes frases:

«*Necesito* que...»

«*Deberías* estar...»

«Cuando vuelva dentro de dos minutos, *harás*...»

Cada término obtiene un beneficio sutilmente diferente. «Necesitar» es más insistente que «Quiero que» y menos suplicante que «Podrías por favor». «Deberías» sirve para hacer referencia a acuerdos anteriores. «Harás» no deja lugar a dudas. En cada caso, la fuerza está en las palabras y el énfasis, no en el volumen. En todos los casos, las indicaciones asertivas funcionan mejor que las súplicas.

De pasada

A veces, por supuesto, decir menos es la solución más eficaz de todas. Un empujoncito hacia el comportamiento correcto puede ser mucho más productivo que una intervención dramática o un fuerte castigo. Yo los llamo comentarios «de pasada»: guioncitos cortos y coherentes que se enuncian con una actitud positiva al pasar por al lado.

«¿Necesitas ayuda?»

«Gracias por estar listo.»

«Con voz amable, por favor.»

«Eso no es propio de ti.»

Los comentarios de pasada son pequeños momentos de pedagogía que sirven para corregir, es cierto, pero también para animar y alentar. Que sean breves y frecuentes funciona muy bien. Cuando te paseas por la cocina haciendo comentarios amables o pasas por delante del dormitorio y corriges un pequeño comportamiento se establece un clima determinado y se delimitan con claridad los límites para todos.

¿He mencionado la coherencia?

La coherencia en los guiones es fundamental. Aunque el niño haya perdido el control y tus palabras parezcan inútiles frente al drama del portazo y los zapatazos, tienes que mantenerte firme. Los guiones coherentes evitarán que te quedes atrapado en una improvisación espoleada por las emociones. Cuando ven que no vas a improvisar, que tienes un plan, renuncian a negociar la posibilidad de evitar las consecuencias. Renuncian a discutir. La perversa «recompensa» por portarse mal (ver cómo un adulto pierde los papeles) desaparece. No hay una intensificación de la tensión. Todo está en calma. Cuanto más se repita, más fácil te resultará reducir la tensión en cualquier situación. Cada vez que respondes de la misma manera, tu comportamiento se vuelve más predecible y seguro. Esta repetición importa, una y otra vez, situación difícil tras situación difícil. Si quieres ser ese progenitor que todos los progenitores sueñan con ser, empieza por responder con coherencia a cada desafío.

PONTE A PRUEBA

- Practica tu monólogo solo o con tu pareja antes de decírselo a tu hijo. Es importante que no lo estropees la primera vez que lo necesites de verdad.

TEN EN CUENTA

- No etiquetes. Sobre todo, no pongas etiquetas basadas en carencias: agresivo, molesto, falto de atención, torpe, maleducado, desafiante, peligroso, amenazador, vergonzoso, perturbador, salvaje, malicioso, manipulador, travieso, inestable, violento, irascible... Son etiquetas que jamás describirán a los niños con exactitud. Imagínate que te describieran con cualquiera de ellas en una evaluación del rendimiento laboral, por ejemplo. No se nos puede definir en base a nuestro peor comportamiento o nuestras circunstancias más desafortunadas. Ante semejante terminología, las expectativas se vuelven fijas y luego resulta difícil romper con ellas.

- Combina a tu hijo y su conducta en los guiones. El mensaje siempre ha de ser: «Te quiero, pero no me gusta este comportamiento». Esto significa que no se está atacando su carácter. En su mente, el comportamiento se vuelve algo separado con lo que puede lidiar.

PÍLDORAS INFORMATIVAS

- La primera vez que tu hijo repita tus mantras o guiones coherentes o los diga antes que tú, no dejes que te irrite. Es una buena señal: significa que ha estado escuchando y ha empezado a experimentar con los cambios en el lenguaje. Tu crianza relacional está calando.
- Hay fuerza en el silencio y amabilidad en una pausa bien hecha. A veces lo más positivo y relacional que puedes decir es nada.
- Siempre puedes abandonar un juego de poder. No tienes que «ganar» nada en ese momento. La crianza es un largo partido.

7
MOMENTOS INESTABLES
No se consigue que los niños se comporten mejor haciéndoles sentirse mal consigo mismos

Los niños que llegan al límite de su control emocional suelen tener comportamientos deliberadamente chocantes. Están diseñados para hacerte sentir pánico: «¿Qué demonios hago yo ahora?». No sucumbas. En esos momentos de inestabilidad es cuando se pone a prueba tu relación, pero no es adecuado rendirse y alejarse en tales circunstancias. Tu hijo necesita que camines a su lado tanto en los momentos difíciles como en los buenos.

Habrá situaciones de este tipo. Por muy ejemplar que llegues a ser a la hora de dispensar reconocimientos positivos o rebajar los momentos de tensión, estás tratando con niños, y los niños pueden ser emocionales. En esos momentos, tu respuesta debe partir de la empatía.

Los niños que pierden regularmente el control de sus emociones no necesitan que tú pierdas el tuyo. Necesitan ayuda, no ira. No son «traviesos», «difíciles» o «problemáticos». Están desregulados y luchan por recuperar el control, y ese es un estado en el que nadie quiere estar.

A veces, cuando uno no sabe cómo decir lo que siente —o no tiene a nadie a quien pueda decírselo—, el comportamiento caótico es la única forma de comunicarse. La ira no es una emoción ambigua y es fácil dejarse llevar por ella, como sabe cualquiera que haya gritado alguna vez. Enfadarse y hacerse con el control puede proporcionar una extraña sensación de seguridad cuando afloran todas las demás emociones que el niño no comprende.

Lo último que se debe hacer en esas circunstancias es responder de la misma manera. Los niños no eligen estar desregulados. Enfadarse con ellos no es más que avergonzarles cuando menos lo merecen o necesitan. No se consigue que los niños se sientan mejor haciéndoles sentir mal consigo mismos. En lugar de eso, vuelve a lo básico. Controla tus emociones. Exuda calma. Mantente firme.

«Cálmate»

Una vez dirigí un curso de gestión del comportamiento para un equipo de funcionarios de prisiones, quienes me hicieron una demostración de cómo sujetar físicamente a un preso adulto. Lo hicieron con gran habilidad, pero en silencio. Les pedí que repitieran la demostración, pero añadiendo el lenguaje que solían utilizar. Me interesaba ver cómo rebajaban verbalmente la tensión de esas situaciones y cómo gestionaban las emociones de los reclusos. En esta ocasión, sujetaron a su colega con pericia y lo tiraron al suelo, momento en el que un agente se arrodilló y, a escasos centímetros de su cara, gritó a todo volumen: «¡¡Cálmate, joder, cálmate!!». «Gracias, ha sido muy... útil», comenté.

Decirle a un adulto enfadado que se calme no sirve de nada. No porque no deba calmarse (suele ser lo contrario), sino porque no funciona. Alerta de *spoiler*: tampoco funciona con los niños. Y, sin embargo, es una frase que se utiliza casi siempre que un niño está desregulado.

La desregulación es la incapacidad de gestionar el estado emocional propio. Es algo que ocurre. El niño quizá se sienta abrumado por la cantidad de emociones que le sobrevienen o por la intensidad de una emoción que no puede controlar sin ayuda. Puede que le cueste calmarse y precise de tu ayuda para regularse, tenga cuatro o catorce años. La desregulación se traduce en comportamientos que pueden salirse de lo normal y que tal vez puedan controlarse o tal vez no.

En esos momentos, se necesita una estrategia diferente a las que hemos descrito en el resto del libro. No basta con recordarle las normas al niño o recurrir a un guion de desescalada de eficacia probada. La amígdala es la que ha pasado a dirigir el espectáculo y ahí puede ocurrir cualquier cosa: huida, portazos o rotura de objetos. Otra posibilidad es que la desregulación se traduzca en comportamientos menos dañinos para el mobiliario, pero que serán, inevitablemente, más perjudiciales para el niño. Así como los adultos desregulados pueden recurrir a la bebida o a las drogas, los niños también pueden recurrir a una de las innumerables formas de autolesión, desde jugar de un modo que ponga en riesgo su seguridad a golpearse a sí mismo, sangrar deliberadamente o restringirse la ingesta de alimentos. Si tu hijo está abrumado por las emociones, es muy importante que vayas con cuidado. Ofrece tu apoyo en lugar de exigir o amenazar con castigos. Se oye gritar «Cálmate» a niños que están más allá del punto en el que son capaces de regular sus propias emociones. En esos momentos necesitan instrucciones mucho más sencillas. Calmarse puede ser complicado y parecer inalcanzable. Perder los nervios es agotador. Para los niños que pierden el control, es física y emocionalmente agotador. No hay que subestimar el esfuerzo necesario para recuperar la compostura.

«Cálmate» es una de esas frases que salen por defecto. A menudo va acompañada de una explicación pormenorizada del adulto sobre lo tranquilo que está: «Yo estoy tranquila, estoy aquí sentada tranquilamente, mira qué tranquila que estoy» (lo cual suele ser mentira). No hay nada más exasperante desde la perspectiva del niño. Es como si te burlaras de su falta de autocontrol.

No es momento de sermonear, sino de ofrecer compasión.

Cuando los niños están desregulados, sus emociones no se disipan ni con los argumentos más racionales. He visto a padres responder a las rabietas con una serie de razonamientos de una sensatez supina: «¿Por qué te tumbas en el suelo? Está sucio, piensa en todos los gérmenes, no lo lamas por el amor de Dios, ¿no has visto las investigaciones sobre las bacterias de los supermercados?», etcétera. Buena suerte con eso.

Un niño que ha perdido el control de sus emociones necesita un enfoque diferente. Se siente abrumado y su pensamiento racional se ha reducido. No es el momento de largas conversaciones. No es el momento de hacer preguntas inquisitivas ni de hablar de las «decisiones» que está tomando ni de sacar a relucir el pasado.

Todo debe ser sencillo y claro. Ya habrá tiempo para conversaciones más pormenorizadas cuando todo el mundo esté tranquilo. Por ahora, las acciones importan más que las palabras.

Los momentos más difíciles

Nunca olvidaré ver a Cheris, una chica de quince años, perder el control de sí misma y de sus emociones. Su comportamiento no era racional: su arrebato de violencia se cebaba con las mismas personas que se habían pasado años trabajando con ella. En cinco minutos, intentó echarlo todo por tierra: la escuela, sus relaciones, sus perspectivas de futuro y sus ambiciones. Sabotear todo lo que es positivo en tu vida con tal de no entregar un teléfono móvil no es racional. A veces, los traumas hacen eso.

Cuando el caos hubo remitido, me la encontré apoyada en la pared del pasillo, visiblemente inquieta y perdida. La estaba observando cuando vi que un orientador educativo —la persona con el sueldo más bajo de la escuela—, que había resultado herido en el altercado, se acercaba a ella con una habilidad asombrosa. Se apoyó en la pared, a unos tres metros de ella, con la espalda pegada a la superficie y un aire perfectamente despreocupado. No había en él ningún atisbo de amenaza, pese a medir más de dos metros y tener la constitución de un armario empotrado. Era evidente que había hecho esto antes. Bajó la cabeza, se miró las manos y el suelo y se limitó a esperar pacientemente. Sabía que no era el momento de preguntas ni de largas conversaciones. Ella estaba visiblemente abrumada y, aunque se había comportado de un modo terrible, no era el momento de abordar ese tema.

La chica se dio cuenta de que el orientador estaba allí y se giró un poco para asegurarse de que no pudiera verle la cara, pero no se movió. Una buena señal. Tras esperar a que llegara el momento adecuado, el orientador dijo algo sencillo pero con un poder enorme: «Cuando estés lista, aquí me tienes».

Enunció la frase con dulzura pero con sinceridad. No la estaba presionando ni acorralando. Todo lo contrario, le estaba haciendo la oferta más amable en las circunstancias más difíciles. En ese momento ella supo que, hiciera lo que hiciera, no iba a poder apartar a los adultos. Se estaba empezando a dar cuenta de que, aunque hubiera conseguido alejar a los de casa, los adultos de esta escuela no iban a darle la espalda.

Ese mensaje perdura hasta mucho tiempo después de haber resuelto una discusión fea, un incidente o un apocalipsis infantil a gran escala. Lo que digas en los momentos más difíciles importa más que ninguna otra cosa. Cuando tu hijo se siente más vulnerable, cuando sus emociones están más a flor de piel, di poco y haz que tu oferta sea lo más amable posible.

Empatía ante todo

En momentos así, el objetivo es ayudar al niño a gestionar sus emociones de un modo práctico en lugar de intentar intelectualizarlas de manera racional. Cuando veas a tu hija tumbada en el suelo del supermercado, angustiada y desregulada, la respuesta intuitiva podría ser decirle que se levante inmediatamente. Otros progenitores se le echarían encima y le exigirían que se levantara. Otros pasarían por encima e ignorarían deliberadamente su angustia.

La respuesta contraintuitiva —la respuesta correcta— es tumbarse en el suelo a su lado para que vuelva a sentirse segura. Demostrarle que estás a su lado emocionalmente, y no solo para soltar órdenes. Ni siquiera hace falta que digas nada: con ese gesto le haces saber que estás ahí. Reconoces su angustia, pero no intentas hacerte con el control enseguida.

Durante un momento, al resto de los clientes les resultará un poco extraño veros al pasar por delante, pero la opción alternativa (a saber, mirarle desde arriba y gritarle «¡Levántate!» una y otra vez) sería aún más perturbadora para los demás compradores.

Aparca el problema de comportamiento por ahora. No es tan importante como este momento.

Conexión a tierra

Si tu hijo está abrumado y le cuesta regularse, las actividades de conexión a tierra pueden ayudarle. Estas actividades ayudan al niño a reconectar con el mundo físico y a alejarse de las emociones intensas que impulsan su comportamiento. Pueden contribuir a frenar el torrente de emociones y tranquilizarle.

En el caso de los más pequeños, pueden ser actividades sensoriales: dibujar, construir con Lego o jugar con arena y agua. Para los más mayores, las técnicas de conexión a tierra podrían requerir más sutileza: apretar y soltar los dedos de los pies, empujar la silla con la espalda, las piernas o el trasero, sujetar y presionar una piedra o un objeto blando, llenar los pulmones de aire, inspirar un poco más y luego soltar el aire lentamente por la boca.

Una «caja de la calma» preparada de antemano, que contenga objetos y olores que el niño conoce, le ayudará a reconectar con su tranquilidad. Cualquier caja sirve. Dedica algún tiempo a ayudar a tu hijo a elegir los objetos que podrían ir en la caja de la calma: un pequeño peluche, la foto de un familiar/mascota/amigo, una bufanda mullida, un poema favorito, un bolígrafo, una goma elástica con la que jugar o una pelota blanda para apretar. A muchas personas, un frasquito con rodillo lleno de aceite de menta les funciona para el pánico y la ansiedad.

Este proceso de conexión con el presente no tiene límite de tiempo. Para algunos, será relativamente rápido; para otros, puede durar treinta o cuarenta minutos. No intentes forzarlo. Ten en cuenta que puede ser necesario gestionar la transición de vuelta a una actividad no supervisada. Una retirada gradual del apoyo seguramente suavizará este cambio. «Bueno, ya has jugado dos minutos con el agua y ahora quiero hablarte de lo maleducado que has sido conmigo» no sirve. Les hará volver a un estado de desregulación del que tardarán mucho más en recuperarse.

Cinco cosas que hay que decirle a un niño angustiado

- «*Aquí me tienes.*» Cuando veas que no quieren hablar.
- «*Cuando estés listo, aquí estoy.*» Para que no sientan la presión del tiempo.
- «*¿Necesitas un abrazo?*» Para atravesar la barrera de la emoción.
- «*Vamos a caminar.*» Para relajar la conversación.
- «*¿Qué puedo hacer para ayudar?*» Cuando parezcan haberse quedado atascados.

Comportamientos secundarios y cómo ignorarlos

Cuando las cosas se hayan calmado un poco y las emociones y actos del niño parezcan haberse regulado, querrás abordar el comportamiento en sí. Sin embargo, hacerlo no siempre es sencillo; cuando intentas abordarlo, el comportamiento original es susceptible de transformarse rápidamente en otros. Lo curioso es que estas nuevas conductas podrían no tener en apariencia nada que ver con el incidente original. Bienvenido al maravilloso mundo de los comportamientos secundarios.

Se entiende por comportamientos secundarios aquellas conductas que aparecen una vez que ha cesado el comportamiento que estás intentando tratar. Tienen la capacidad de desequilibrarte. Veamos el caso de Maureen. Para tener siete años, Maureen era muy hábil en el arte de exasperar a los adultos. Llevar el nombre de Maureen en el siglo XXI era todo un reto; en consecuencia, la niña había desarrollado algunas habilidades defensivas avanzadas.

Habilidad 1: sonreír burlonamente. Según las leyes básicas del comportamiento humano, los niños no deben sonreír burlonamente.* A nadie le gusta este tipo de sonrisas y Maureen se había dado cuenta. Siempre que la corregían, ella respondía con una sonrisa de satisfacción. Empezó siendo una respuesta nerviosa, pero, con el tiempo, la niña descubrió su poder.

---

* Lamentablemente, no tengo claro cuáles son dichas normas básicas para los adultos.

Una sonrisa de satisfacción bien esbozada en el momento adecuado puede enfurecer a un adulto cuya atención estuviera, hasta ese instante, centrada en la reprimenda. Casi de inmediato, la atención se desvía del delito original. La conversación se centra rápidamente en la sonrisa, lo cual le permite a Maureen salir del atolladero. En lugar de hablar de su grosería o de por qué estaba grabando su nombre en la mesa con un coche de juguete, de repente todo el mundo habla de la sonrisa de satisfacción.

Los acontecimientos siempre se desarrollaban de la misma manera: «Borra esa sonrisa de la cara», a lo cual sucedía un «Si no borras esa sonrisa de la cara...», antes de pasar a un «¿Cómo te atreves a sonreírme así?», que acababa con un «¡Vete a tu habitación!».

Todo el desarrollo era terreno seguro y predecible para Maureen. Desde su punto de vista, valía la pena aguantar una o dos voces si eso significaba que podía comportarse con impunidad y luego ser desterrada a su lugar favorito. Era increíble la cantidad de adultos sobre los que parecía tener control y la de veces que una sonrisa de satisfacción la sacaba de una situación complicada.

La actuación de Maureen es un movimiento clásico tras un momento de inestabilidad, en los que estos comportamientos secundarios son habituales. Considéralos comportamientos del tipo «sígueme», diseñados para distraer hábilmente tu atención del incidente original y que pueden ser incluso más graves que este.

Parece irracional: ¿por qué se dedica mi hija a crear más tensión, incluso después de que la conducta original parezca haber cesado? Puede que para ti no tenga sentido, pero es posible que el niño se deje llevar por las emociones y no por la razón. En sus intentos por evitar las consecuencias del comportamiento primario, avivan la tensión, a veces rápidamente. Hay todo tipo de comportamientos secundarios. La sonrisa de satisfacción, por supuesto, pero también dar la espalda, poner los ojos en blanco, dar portazos, esconderse en la cama, romper cosas, dañar pertenencias, salir andando/corriendo/esprintando de la habitación, culpar a otra persona... Y, por supuesto, insultar, porque siempre funciona. Si quieres desviar la atención de alguien y que deje de fijarse en tu mal comportamiento (primario), no hay nada mejor que una palabrota (secundaria) bien soltada. Cuanto más fuerte, mejor.

El objetivo del niño —lo haga de manera consciente o no— es siempre el mismo: distraerte. Y, como en el caso de Maureen, las consecuencias siguen un patrón similar. Es fácil quedar atrapado en un ciclo de «reafirmación», en el que tanto tú como tu hijo seguís aumentando la tensión sin parar y os alejáis cada vez más del comportamiento que estabais discutiendo en un principio. El niño se hace con el control de la situación y los castigos crecen a tanta velocidad como seas capaz de inventártelos. «Mira, no hace falta que digas palabrotas, solo quería hablarte de... Estás gritando. ¡Muy bien! Hoy no hay pantalla... ¿Por qué rompes eso? ¡Ah, muy bien! Nada de pantalla durante una semana... ¿Adónde vas? ¡Genial! Nada de pantallas nunca más... ¿Por qué haces la maleta? ¿Para quién es ese taxi?»

Es un ciclo de reacciones que crecen exponencialmente. Muy pronto, te quedas sin consecuencias y te rodea el caos. Tienes que encontrar la manera de reducir la tensión.

Por muy contraintuitivo que parezca, tienes que dejar de lado los comportamientos secundarios de momento. Por ahora, céntrate solo en los primarios. Aun cuando aparezcan en escena los secundarios más provocadores, no cambies de táctica. Insiste en que se aborde el comportamiento original.

Si eso no funciona, tómate un descanso y aléjate. Cuando vuelvas, retoma el comportamiento original. No hace falta que ganes todas las batallas enseguida.

**Cuatro maneras de abordar
los comportamientos secundarios**

- *Reconócelos por lo que son.* Una distracción del trabajo que nos traemos entre manos.
- *Vuelve a centrar con suavidad la conversación en el comportamiento que has venido a tratar.* «He venido a hablarte de la pala que ha acabado atravesando la ventana del patio interior del vecino.»
- *Vigila tus emociones.* No permitas que los comportamientos secundarios provoquen tu respuesta emocional.
- *Déjalo para más tarde.* Es entonces cuando podrás hablar de los comportamientos secundarios con calma: «Cuando hablábamos antes no parabas de interrumpirme / darme la espalda / decirme que soy un idiota».

Niebla

¿Cómo llevas al niño de vuelta a la conversación que quieres mantener sobre el comportamiento principal? Puesto que eres la persona adulta, es probable que quieras llegar a este punto de la forma más sucinta posible: pasar de A a B sin desviarte. Pero, ¡mira tú por dónde!, el niño tiene otro plan: si puede interrumpir tu paso de A a B con F, Y o Q, sabe que tiene mucho que ganar.

A veces, cuando el niño es un experto desviador, es fácil que se te olvide por completo la conversación original. Sus salidas por la tangente suelen ser comportamientos deliberados y aprendidos diseñados para escurrir el bulto. En esos momentos, la niebla es tu amiga. Con esto me refiero a una niebla suave y sosegada que empañe las protestas de tu hijo. No pretende confundir, tan solo amortiguar suavemente: evita que el niño se salga por la tangente y te mantiene centrado en el comportamiento en cuestión.

Este mecanismo también es contraintuitivo. La niebla funciona porque, incluso en una discusión a la defensiva, le dice al niño: «Te escucho». A menudo, cuando los niños discuten, el instinto es pararles los pies: «No te escucho», «No me interesa», «No me importa». Estos métodos son arriesgados porque, lo creas o no, dejan que el niño se vaya pensando que no escuchas, que no te interesa y que no te importa.

Así que, en lugar de cerrarles la boca, utiliza una frase sencilla que le deje al niño la impresión contraria: que sí te importa, pero que esta vez las cosas se van a hacer a tu manera. Esto no significa que cambies de respuesta ni que alientes una negociación, sino que le escuchas, nada más. Prueba con esto:

«Comprendo...» (funciona con todos los niveles de queja).

«Puede que tengas razón...» (no te compromete a ningún cambio de dirección).

«Te escucho...» (así saben que se les escucha incluso cuando no se les va a seguir la corriente).

«Sea como fuere...» (no tiene sentido, pero muestra aceptación de la opinión del niño).

Cada una de estas frases podría ir seguida de un «pero». En su lugar, prueba con «y sin embargo», más suave y menos brusco, para volver a tus expectativas. Ahora puedes nublar con habilidad y empatía; conseguirás en todos los casos reducir la tensión y que el niño vuelva al comportamiento principal que debe abordar:

—Ni de coña voy a hacer eso, pírate.

—Entiendo cómo te sientes. Y, sin embargo, nuestro acuerdo es...

... con la aparente aceptación de una opinión diferente...

—Pero ella estaba haciendo lo mismo y no le has dicho nada.

—Puede que tengas razón. Y sin embargo lo que tenemos que hacer es...

... o quizá más directamente...

—Estoy taaaan aburrido de esta mierda.

—Te escucho. Y sin embargo nuestra regla es...

Asegúrate de hablar de «nosotros» y de «nuestro» en esta fase, y no de «tú». Cuando la tensión aumenta, debes estar al lado de tu hijo, no por encima de él. Este pequeño gesto marca una gran diferencia. Ya no estás en modo acusación, sino en modo solución.

La niebla funciona principalmente porque indica empatía. Puedes aceptar las protestas de tu hijo, parecer completamente razonable y continuar con la conversación que estabas manteniendo. Si lo haces bien, podrás disipar sus quejas y sus tentadoras distracciones para transmitir el mensaje con el resultado que necesitas.

Cuando abandones la conversación, la relación seguirá intacta. La niebla no deja ningún rastro de ira y resentimiento a su paso. Tu hijo se siente escuchado y ha tenido la oportunidad de hablar. Te alejarás la mar de feliz de lo que antes hubiera resultado ser una escabechina conversacional. Este es el efecto adictivo de la buena crianza.

Fijarse sin acusar

Los niños no son los únicos capaces de hacer descarrilar tus intervenciones en los momentos de inestabilidad.

Con demasiada frecuencia, los intentos de abordar un mal comportamiento se convierten en un torrente de acusaciones: «Fuiste tú quien pintó las paredes / robó las galletas de chocolate / puso la arena del gato en el lavavajillas». Lamentablemente, cualquiera que se sienta acusado se convierte de inmediato en abogado defensor. Una pequeña observación sobre el comportamiento puede transformarse rápidamente en un largo drama judicial.

Una vez más, la solución está en la elección de las palabras. Una de las formas más suaves y menos críticas de abordar un mal comportamiento es empezar con una simple observación: «Me doy cuenta». Siempre existe la posibilidad de notar en lugar de acusar. «Me he fijado en que estás a medio camino de la gatera», «Me he dado cuenta de que estás colgado del canalón», «Me he dado cuenta de que te estás bebiendo el kétchup directamente del bote».

El «Me he dado cuenta» convierte una intervención potencialmente delicada en un ejercicio de estudiada despreocupación. No conlleva vergüenza ni culpa. Como resultado, es una de las victorias más rápidas y fáciles. No hagas hincapié al decirlo, suéltalo sin más. Sé despreocupado con tus «Me he dado cuenta» y verás como tienes más conversaciones sobre el comportamiento y menos discusiones por ello.

Darse cuenta también es útil después, cuando el momento inestable ya ha pasado. «Me he dado cuenta de que llevas unos días sin hacer los deberes»; «Me he dado cuenta de que vuelves a salir con Sam»; «Me he dado cuenta de que aún llevas la equipación de Educación Física en la mochila». Utiliza la frase cada vez que intervengas ante un mal comportamiento, ya sea antes o después.

La ilusión de conceder

Con la ayuda de mucha niebla y más aún de fijarte, descubrirás que los momentos de inestabilidad se vuelven menos tensos (y frecuentes). Sin embargo, hay situaciones en las que es sabio hacer concesiones o, al menos, transmitir la ilusión de que las haces.

A veces, tendrás la sensación de que la conversación con tu hijo se está atascando en un bucle de negativas. Como ejemplo, un clásico del género:

—Quiero jugar un poco más.
—Es hora de dormir.
—Más juego.
—Hora de acostarse.
—De jugar.
—¡A LA CAMA!

Hacer tratos es una forma estupenda de ayudar a tu hijo a salir de este tipo de espiral de negativas. A menudo se trata de replantear las expectativas utilizando la frase «Trato hecho». El niño lo percibe como un trato, pero en realidad es una solución para todos. Le da al niño una salida y le hace sentir que tiene algo de poder.

A ti te da la oportunidad de dejar de perseguir absolutos («¡A la cama!») y significa que las lágrimas no empañarán el momento. Este tipo de acuerdos tiene truco. Es fácil ceder demasiado terreno. Hacer un trato con tu hijo no significa que tengas que renegociar las normas. Tampoco significa que no vayas a obtener los resultados que deseas. Tú eres quien estructura el acuerdo y, si lo haces bien, *parecerá* una concesión relacional. Puede ayudar a todo el mundo a encontrar otra vía durante una discusión que no va a ninguna parte.

Este trato comienza con una simple oferta. En lugar de acelerar la frustración, prueba con: «¿Podemos hacer un trato?» o «Puedo proponerte un trato si te interesa». A continuación, haz un trato que suene tentador y ofrécele a tu hijo una salida a su persistente negativa a seguir instrucciones. Asegúrate de que no hay concesiones ni flexibilización de las normas. «Si te vas a la cama ahora y sigues nuestras normas, me aseguraré de avisarte con más antelación mañana por la noche antes de que tengas que dejar de jugar. ¿Trato hecho?»

Es muy probable que los niños acepten un trato cuando se les ofrece. Aunque no te hayan escuchado bien, si hay una oferta, ¿por qué no decir que sí? Por supuesto, no estás ofreciendo nada radicalmente distinto de lo que harías normalmente.

Asegúrate de no ofrecer nada que implique un cambio en las normas, aunque sea temporal. Eres un hábil negociador, que se mantiene firme y, al mismo tiempo, parece totalmente justo, razonable y amable. Si tuvieras un equipo de cámaras a mano, te darían un BAFTA por tu habilidad como progenitor.*

Recuperación

Por muy inestable que sea el incidente, habrá un momento en que parezca haber terminado. Ese momento es delicado. La psicóloga Lenore Walker desarrolló en su día un modelo que denominó «el ciclo de la agresión». Señaló que mucho después de que alguien parezca estarse recuperando, puede haber una «fase de explosión» que llega cuando todo da la impresión de estar en calma. Es en esta fase cuando hay más riesgo de que se reaviven las emociones del niño.

Por este motivo es importante que le dejes tiempo para recuperarse. Eso puede significar diez minutos o una hora. Ten en cuenta que, si el niño se inquieta, molesta o enfada enseguida, es probable que su siguiente explosión sea aún más exagerada. La recuperación es frágil y no es difícil que te vuelvas a ver enseguida inmerso en la discusión original a un volumen aún mayor.

El mejor modo de evitar que se produzca esta explosión es planificar. Cuida lo que dices y la forma en que lo dices. No es el momento de ponerse a analizar lo

---

* Los BAFTA son los premios que otorga la Academia Británica de las Artes Cinematográficas y la Televisión en el Reino Unido. El equivalente británico a los Óscar o los Goya. *(N. de la T.)*

que acaba de ocurrir para ver quién tiene la culpa. No es el momento de exigir nada ni de insistir en pedir disculpas. Tómate un descanso, pasea y bebe algo, habla de otra cosa. Tómate tiempo para recuperarte bien y despacio.

Puede que más adelante haya que mantener conversaciones difíciles, pero por ahora la prioridad es la recuperación.

PONTE A PRUEBA

- Intenta decir menos. Cuando te encuentres en una situación difícil en la que el comportamiento esté desregulado y sea quizá extremo, no hables ni hagas mucho. Puede que la intensidad del momento no necesite tu furia, emociones o control. Por el contrario, puede que mejore con tu pausa, tu silencio y tu capacidad para dar un paso atrás con delicadeza.

TEN EN CUENTA

- No permitas que las opiniones de los demás sobre lo que «deberías hacer» te influyan. A menudo la gente quiere ayudar u ofrecer consejo, sobre todo cuando estás en público. Puede que tengan las mejores intenciones, pero no te conocen a ti ni a tu hijo, ni saben lo que ha pasado antes.

PÍLDORAS INFORMATIVAS

- No te molestes por un «Te odio». Es una frase diseñada a la perfección para infligir el máximo daño a un progenitor; es esa frase que nunca quieres oír y que, sin embargo, algunos niños utilizarán repetidamente para intentar vengarse. Sé que es difícil, pero no reacciones. Y nunca, nunca, se la devuelvas. No hay que jugar al ojo por ojo.
- El milagro del presente de indicativo. A veces es mejor limitarse a observar lo que ves: «Estás de pie sobre la mesa»; «Te estás columpiando de la rama»; «Tienes los zapatos llenos de barro en la alfombra». Unas simples observaciones en voz alta pueden obligar al niño a reflexionar inmediatamente sobre lo que está haciendo en lugar de llevarle a intentar defender sus decisiones.
- Amabilidad en todo momento. Cuando el comportamiento te deja perplejo, cuando no sabes qué hacer a continuación, cuando nada parece funcionar, la amabilidad es siempre la mejor respuesta.

8
CONSECUENCIAS PROPORCIONADAS

La ferocidad del castigo no determina
el comportamiento venidero, pero sí podría
determinar tu relación futura

El Camino del Castigo está plagado de sanciones aterradoras. Los padres se dejan seducir por la idea de que se puede provocar un cambio de comportamiento a través de un camino sinuoso de castigos cada vez mayores, diseñados en todos los casos para persuadir al viajero de que dé marcha atrás, enmiende su camino y no vuelva a pasar por aquí nunca más.

Al final del Camino del Castigo hay consecuencias cuya dureza y fealdad desafían la comprensión. La idea es que, en algún momento, el niño experimente un «camino de Damasco» y se dé cuenta de repente de que debe tomar una senda diferente.

Cuanto más se enfada el adulto, más rápidamente se empuja al niño por el Camino del Castigo. A menudo se saltan escalones debido a un repentino ataque de ira: «Por el amor de Dios, te he dicho tres veces que dejes de golpear eso. ¡Te voy a quitar la paga doce meses!».

Algunos niños ven el Camino del Castigo y, con mucha sensatez, deciden que no quieren tener nada que ver con él. No necesitan un castigo severo, ni siquiera una reprimenda leve. Se autocorrigen. Supongo que, si tienes uno de esos, estás leyendo este libro solo por placer voyerista. No obstante, eres bienvenido. A mí no me importa. Algunos niños, en cambio, parecen saltar por el Camino del Castigo aceptando cada consecuencia con un afán perverso por ver adónde conduce. Cada sanción es un pequeño sacrificio necesario para descubrir lo que viene al final. Estos son precisamente los niños para cuya intimidación fueron diseñados los terrores del Camino del Castigo. Y, sin embargo, no les importa un pimiento. No les intimida ninguna condena y las aceptan todas de buen grado.

Algunos niños siguen las normas, otros siguen a la gente. Si tratas de obligar a un niño que sigue a la gente a seguir las normas, te volverás loco en el intento. Para estos niños no hay castigo lo suficientemente espantoso que pueda obligarle a cambiar sus formas. Se necesita un enfoque diferente.

Si tienes uno de estos niños, ya lo sabes. Habrás probado a aumentar los castigos, las sanciones prolongadas y las consecuencias más duras. Todas ellas habrán afectado más a tu relación con la criatura que a su comportamiento.

Si es así, tienes que replantearte tu enfoque de las consecuencias. Todos los niños necesitan que se les recuerde de vez en cuando dónde está el límite. Pero, en última instancia, no es la magnitud y la frecuencia del castigo lo que determina el comportamiento futuro. Si así fuera, todo esto sería fácil. Todos buscaríamos la mayor consecuencia, la aplicaríamos repetidamente y el comportamiento cambiaría para siempre.

No funciona así. Ni ahora ni nunca.

Amor duro y toneladas de ladrillos

Muchos padres justifican un enfoque duro del castigo con una simple frase: amor duro. Pero si bien el amor duro es siempre duro, rara vez es amor. Ser duro con tu hijo para enseñarle las lecciones de la vida no es un buen plan de crianza.

El amor duro es el resultado de una crianza irreflexiva e intuitiva. Rara vez se planifica; suele ser, por el contrario, el resultado de un arrebato de emoción en el adulto. La conversación no acostumbra a formar parte del plan, tampoco el razonamiento. Para el niño, esto no se parece en nada al amor. Los niños no lo llamarían nunca «amor duro». Solo los adultos lo llaman así.

En estos casos, se supone que el castigo enseña la lección, pero no es así. Una vez trabajé con un director que libraba una guerra eterna contra el mal comportamiento. «Lo hemos intentado todo —me dijo—. Ponemos castigos todos los días a la hora de comer y después de clase. Desde hace poco, hay castigos prolongados los sábados por la mañana. Hacemos todo lo que podemos, pero el comportamiento no mejora.» «¿Cuál es su plan?», le pregunté amablemente. «Bueno, es obvio, Paul. Castigarlos los domingos por la mañana.»

Como aprendió este director, que los castigos más severos no funcionen puede ser profundamente frustrante. «Reprimir el mal comportamiento» es el lema favorito de todos los progenitores que creen que no han sido lo bastante estrictos.* Por supuesto, caer sobre los niños como una tonelada de ladrillos es una táctica de «choque y pavor». No funciona y no mejora nada a largo plazo, aunque te haga sentir bien durante un tiempo.

El Camino del Castigo está plagado de estas sanciones ineficaces y punitivas. En un arrebato de irracionalidad disciplinaria, los padres se lanzan a anunciar las sanciones más ridículas. Solo cuando reflexionan se dan cuenta de que se han precipitado un poquito al prohibirle a su hija el acceso a «INTERNET. ¡PARA SIEMPRE!», teniendo en cuenta que dependen de este para el trabajo escolar, así como para casi todos los demás aspectos de sus vidas. Los progenitores que castigan a sus hijos durante periodos prolongados provocan un efecto similar. Después de la primera semana sin que su hijo salga de casa, se sienten frustrados por la nevera vacía, la abolladura en forma de niño en el sofá y la ocupación adolescente del salón, ahora repleto de grandes pilas de tentempiés a medio comer.

El único efecto real es la división de adultos y niños en «ellos» y «nosotros». Crea barreras dentro de la fami-

---

* Véase también: todos los políticos que quieren más votos.

lia y anima al niño a engañar mejor para ser pillado con menos frecuencia. Es fácil quitar cosas, enseñar a decir «no». Es mucho más difícil enseñar a decir «sí» y, de paso, fomentar y reforzar nuevos comportamientos.

Castigos emocionales

Estas consecuencias exageradas no son el peor elemento del Camino del Castigo. En un intento de frenar los más horribles comportamientos, muchos progenitores recurren a los castigos emocionales.

Utilizar el dolor emocional para mantener los límites es una forma brutal e infeliz de educar. Una estrategia clásica consiste en quitarle al niño lo que más le gusta: un enfoque que, sin duda, causará un trastorno emocional inmediato y, a menudo, duradero. He oído a profesores en reuniones de padres y madres preguntar por esto al buscar una sanción susceptible de funcionar: «¿Qué le gusta muchísimo y podríamos quitarle?».

Sin embargo, esta respuesta es intuitiva, no racional. Prohibirles el acceso a su deporte, amigo, lugar o afición favoritos supone el riesgo de atacar lo que más valoran. ¿Por qué atacar lo que va realmente bien en su vida, el lugar donde se sienten más positivos, seguros y poderosos? En el mundo de los adultos, las consecuencias nunca son tan duras.

Al final del Camino del Castigo se encuentra el castigo físico. Quizá no te sorprenda que te diga que el castigo físico va a dañar al instante tu relación con tu hijo, lo cual no es cierto únicamente en el caso de las bofetadas, sino también en el de otras consecuencias físicas menos vistosas que podrías infligir en un momento de enfado.

Tirar con frustración del brazo de un niño pequeño quizá no se haga con la intención de reprender físicamente, pero al niño sí se lo parece. Sacarle de la cama tirándole del tobillo quizá mitigue tu enfado, pero al niño le parece una consecuencia física. Incluso agitar los brazos delante de la cara del niño está muy cerca del contacto físico. Así que imponte la norma de no poner nunca las manos encima de tu hijo cuando estés enfadado. No permitas que ocurra, ni siquiera por accidente.

Estos castigos desproporcionados no solo son ineficaces, sino que pueden erosionar la relación entre tu hijo y tú. La magnitud y la ferocidad del castigo no determinan el comportamiento venidero, pero sí tu futura relación.

La Policía infantil

Los castigos desproporcionados vienen en muchos tamaños y formas. Algunas equivocadas pero comprensibles, otras absolutamente extrañas.

Lo más raro, quizá, sea la frecuente invocación al poder autoritario del Estado. A menudo, los progenitores recurren a la Policía para respaldar sus (a menudo extrañas) decisiones como padres. La mayoría de las veces, las amenazas de llamar a la Policía no son una respuesta a comportamientos extremos, sino simplemente a una acumulación de pequeñas conductas irritantes. Desde «Si no dejas de esquivar las grietas del asfalto, se lo voy a decir a la agente de policía de ahí» hasta «Si llamo a la Policía porque no te comes los guisantes, te van a encerrar».

Esta predisposición a invocar al sistema de justicia penal puede alcanzar cotas extraordinarias, como la invención de la Policía infantil.

La Policía infantil llegó por primera vez después de unas cuantas noches en las que Alice, la hija de cuatro años de mi amiga, se había negado a irse a la cama a la hora acordada. Cada noche la habían amenazado con una sanción diferente; cada noche, Alice seguía despierta pasadas las diez. La presencia de niños mayores en sus vacaciones estivales desde luego no ayudaba. Alice, como muchos de nosotros, no quería irse a la cama porque temía perderse la diversión.

La Policía infantil parecía ser la solución. Una noche se presentó de manera informal: «Ah, sí, la Policía infantil viene cada noche a las siete para comprobar que los niños están durmiendo en su cama». El concepto se explicó con sencillez y Alice lo aceptó al instante.

Se trataba de un invento extraño, pero que al principio no causó gran ansiedad (la idea de que la Policía llame a tu puerta a las siete de la tarde podría estar un poco fuera de lugar en una democracia liberal, pero Alice no pareció fijarse en eso). Sin embargo, la segunda parte de las responsabilidades de la Policía infantil resultó ser más aterradora: «Si llaman a la puerta y descubren que no estás en la cama, te convierten en adulto y te quitan la infancia».

Es una escalada de los acontecimientos bastante espectacular solo para convencer a tu hija de que tiene que irse a la cama. Es gracioso, de acuerdo, pero no es ninguna broma para una niña de cuatro años. Al mismo tiempo, estás pasando la pelota; en este caso, ni siquiera al otro progenitor, sino a un semidiós imaginario.

Es un instinto comprensible. Como sucede con el terror devastador a que los Reyes Magos revisen tu lista de delitos, algunos padres quieren que sus hijos crean que hay un ojo que todo lo ve vigilando cada uno de sus movimientos. No es una forma sensata de garantizar una buena conducta. Convencer a tu hijo de que está bajo vigilancia constante no transmite confianza mutua. Se podría argumentar que es el comportamiento de tu hijo cuando no estás cerca lo que te indica lo bien que le has enseñado.

El riesgo final llega en el momento en que el niño se da cuenta de que ha sido engañado por los padres: cuando la Policía infantil, las Hadas del Comportamiento, los Duendes de la Bondad, etcétera, se revelan como un ardid. De repente, toda la autoridad que se había cedido a los poderes superiores desaparece y el progenitor debe intentar restablecerse como la persona a cargo. Es una transición difícil e innecesaria justo cuando el niño está despertando al mundo extrafamiliar.

Tenemos largas listas de personajes imaginarios que alegran a los niños. No hay sitio en la posada para personajes feos con intenciones dudosas. La responsabilidad es tuya. Hazle saber a tu hijo que, en lo que respecta a su comportamiento, es responsable ante ti, y que no hay ningún poder superior dispuesto a abalanzarse sobre él y salvarlo.*

3-2-1, consecuencia

No todos los castigos desproporcionados son tan extrañamente creativos como la Policía infantil. Una alternativa más común es la «3-2-1, consecuencia». Ya sabes: «Si no dejas de hacer eso antes de que cuente hasta cero, te impondré [inserta aquí un castigo desquiciado]». La idea es que una rápida cuenta atrás de tres a cero permita al niño darse cuenta de lo que está haciendo mal, detenerse en seco y cambiar inmediatamente su comportamiento.

El 3-2-1 es omnipresente. Fíjate la próxima vez que te vaya a tocar en el supermercado, o en la puerta del colegio. El abanico de consecuencias va desde «3-2-1. Vale, no hay juguete» hasta el «3-2-1. Vale, nos vamos a casa y no volvemos a salir» o el «3-2-1. Vale, te dejo aquí y tendrás que vivir el resto de tus días en el pasillo 9 del

---

* Actualización de la Policía infantil: después de decirle a mi amiga que acabaría en mi libro de crianza, recibí un mensaje de vídeo de su hija dándome las gracias con sinceridad por «impedir que la Policía infantil se pasara por aquí». Esto es magnífico. Ahora, cuando hay algo que no le gusta, pregunta: «¿Va a tirar esto Paul a la basura como tiró a la Policía infantil?». Me he convertido en la Policía de la Policía infantil. (Gracias a la doctora Charlotte Taylor por la historia.)

supermercado, entre la salsa para la pasta y los fideos para ramen». Los niveles de ira del adulto van desde la irritación leve hasta el Vesubio.

Tantos padres utilizan este método que cabría pensar que es una técnica científicamente probada; que años de investigación y recopilación de pruebas han producido el antídoto perfecto para los niños que no siguen las instrucciones. Por desgracia, nada más lejos de la realidad. No hay ninguna investigación fiable ni ningún gurú digno de confianza que demuestre que el 3-2-1 es una buena idea (y si lo encuentras, dile que venga a verme). Es un mito urbano de la crianza.

El 3-2-1 fracasa porque sustituye a la conversación, los recordatorios, las advertencias y la proporcionalidad. Es tráfico unidireccional a toda velocidad. No tiene ningún estímulo positivo, ni ninguna referencia a normas o acuerdos, ni colaboración. Por el contrario, está diseñado para someter al niño a una presión de tiempo extrema. A menudo, el 3-2-1 se pronuncia tan rápido que el castigo se aplica antes de que los números hayan salido de la boca del adulto.

Si, durante la cuenta atrás, el niño no responde inmediatamente cambiando su comportamiento, el adulto asume que todo castigo es merecido, incluso bienvenido. El incumplimiento por parte del niño se interpreta como un intento de insolencia deliberada. De repente, el bufé completo de castigos punitivos está sobre la mesa, y el progenitor imagina que se ha ganado el derecho a seleccionar uno especialmente jugoso. Al fin y al cabo, ha dicho los números mágicos.

Te das cuenta de lo absurdo que es el 3-2-1 cuando te imaginas usándolo para tratar con adultos. ¿Has pensado en probarlo con un amigo o con tu pareja? Te lo pregunto porque no creo que seas lo bastante valiente como para intentarlo. Supongo que la reacción no sería del todo positiva y quizá sí que algo violenta. No creo que nadie siga esas instrucciones sin protestar enérgicamente. No ayudaría a mejorar vuestra relación (ni vuestra vida sexual). Es probable que se mencionara y ridiculizara en cada oportunidad que se presentara en el futuro.

Tampoco funciona con los niños. Los más pequeños tienden a echarse a llorar de inmediato; no como reacción a la consecuencia, sino a la velocidad y ferocidad de la cuenta atrás. Es demasiado apresurada e induce al pánico, no al pensamiento racional. Los mayores suelen ignorarla o ponerse a la defensiva ante la humillación percibida. Es difícil modificar cómo te sientes para mejor en un abrir y cerrar de ojos. Si el niño se está portando mal porque está enfadado, frustrado o molesto, no es realista esperar que se le pase de golpe. Los adultos no pueden hacerlo, incluso a pesar de llevar, con suerte, toda una vida de desarrollo emocional.

Tu hijo es emocionalmente inmaduro por naturaleza. Esperar que supere las expectativas de un adulto es injusto.

En lugar de declamar en voz alta el 3-2-1, interioriza esa cuenta. Utilízala para tu propio control emocional. Aprovecha la oportunidad para pensar detenidamente en los pasos siguientes. Cuando te hayas calmado, en lugar de amenazar con un castigo terrible, recuerda las normas: «¿Te acuerdas de nuestra norma sobre...?». Recuérdale «Cómo lo hacemos aquí». Ponte a su lado para hablar en voz baja o repetir juntos la rutina acordada. Aprovecha para enseñarle.

Siempre hay más de tres segundos a tu disposición. Hay muchas maneras de entrenar y enderezar el comportamiento que son más eficaces y no se basan en una amonestación repentina.

El Rincón de Pensar

Un pariente del castigo 3-2-1 es su primo mutante, el Rincón de Pensar. Ojo, que el Rincón de Pensar es una mejora respecto a los gritos, pero es que ese listón está muy bajo.

El atractivo del rincón salta a la vista. A veces es necesario pedirles a los niños que abandonen una situación; por tanto, es útil que tengan un lugar donde ir. El problema es que el rincón cumple a menudo una segunda función: humillar. Puede estar a la vista de todos; hasta puede que esté decorado con las palabras «Rincón de Pensar». Ay, Dios.

El Rincón de Pensar no tarda en convertirse en un lugar donde se espera que los niños resuelvan sus emociones por sí mismos. Es un lugar al que se les manda para autorregularse. El problema es que aislar a niños que tienen dificultades para regular sus emociones no es lo mejor. Lo que necesitan es un «tiempo dentro» con

un adulto, no un «tiempo fuera». Obligar a los niños a
regular sus emociones solos cuando no se les ha enseñado a hacerlo es cruel.

No se puede esperar que los niños, sobre todo los
más pequeños, vuelvan a definir sus límites por sí mismos. Necesitan a un adulto que les ayude a poner los
pies en la tierra y a regularse, que camine a su lado. Nada
de eso ocurre en el Rincón de Pensar.

Vergüenza tóxica

Tanto el «3-2-1, consecuencia» como el Rincón de Pensar dependen de la vergüenza para funcionar, sobre todo
cuando se utilizan públicamente. Se supone que cambian el comportamiento al hacer que el niño se sienta
avergonzado en privado, en el mejor de los casos, y, en
el peor, humillado en público. Sin embargo, la vergüenza no es una buena maestra. Enseña unas lecciones terribles que a nadie le gusta que aprendan sus hijos.

Los castigos basados en la vergüenza están por todas
partes. Durante años, la vergüenza se consideró una forma aceptable de gestionar y moderar el comportamiento: poner al niño en un rincón de la clase con un gorro
de burro, etcétera. Aunque esto pueda parecer de otro
mundo, la vergüenza sigue siendo una parte importante
de la crianza moderna. Desde los gritos en público hasta
la decepción en privado, desde el «Eres una vergüenza»
al «Has decepcionado a todo el mundo», la humillación
está en todas partes.

Sin embargo, castigar avergonzando no es una respuesta proporcionada por parte de un adulto, sino una puñalada emocional que se clava, y duele. La relación con tu hijo depende de la confianza mutua. Nada erosiona tanto la confianza como utilizar la vergüenza como herramienta para controlar el comportamiento. Es un acto desproporcionado en todos los casos. También es la forma más rápida de vaciar la cuenta de moneda emocional, y amenaza con abrir una brecha entre tu hijo y tú. Vuestra relación se resentirá.

La gente recuerda la vergüenza durante mucho tiempo. Cuando se sufre de niño, la vergüenza puede dejar cicatrices en la autoestima, la imagen propia y la confianza en uno mismo. Basta con hablar con alguien sobre la asignatura que se le daba peor en la escuela para que la herida reaparezca rápidamente en la vida adulta.

De manera que has de ser consciente. Elimina la vergüenza. Reflexiona sobre lo que le dices a tu hijo y cómo le hace sentir.

Puede que esto sea más fácil de decir que de hacer. Muchos progenitores no utilizan la vergüenza de un modo deliberado. Es otro mecanismo que se tiene por defecto. Si tu propia infancia estuvo cargada de castigos basados en la humillación, no es de extrañar que la experiencia influya en tus decisiones como educador en la actualidad. Se cuela, sin que nos demos cuenta, a través del uso irreflexivo del lenguaje emotivo. «Es una pena que no puedas...»; «¿Estás orgulloso de ti mismo?»; «Eres un egoísta/inútil/descuidado/malo»; o el clásico: «Debería darte vergüenza». Luego están las etiquetas que fomentan la culpa junto con la vergüenza: «busca llamar la atención», «agresivo», «malicioso», «manipulador», «salvaje». Todo este lenguaje hace que el niño se sienta inadecuado, ya sea por accidente o a propósito.

El contexto en el que le hablas a tu hijo también puede inducirle a sentir vergüenza. Criticar el comportamiento de alguien delante de otras personas no suele acabar bien. Cuando hay público, los riesgos son mayores. Las respuestas defensivas están garantizadas. Regañar a tu hijo en los vestuarios de la piscina puede aliviar tu frustración del sábado por la mañana («¿Por qué no te pones los calcetines? Tienes tres años. Ya es hora de que crezcas»). Pero no animará a tu hijo a coger con entusiasmo los manguitos el jueves siguiente.

Merecimientos frente a necesidades

Nada de esto significa que no debas aplicar consecuencias ni que todas las consecuencias deban ser un vasito de zumo y un abrazo. Hay que encontrar el equilibrio.

La clave está en la proporcionalidad. Hay una pregunta sencilla que debes hacerte una y otra vez: ¿qué respuesta a este comportamiento propiciará el comportamiento que quiero en el futuro?

Para responder a esa pregunta, no hay que centrarse en lo que parece correcto de un modo intuitivo, sino en el resultado deseado. A un niño se le puede dar su merecido por su mala conducta... o puedes darle lo que necesita para cambiarla. El primer enfoque da lugar a gravámenes y jerarquías y a una infancia rica en castigos aleatorios y heridas. Si se hace mal, el segundo enfoque puede dar la sensación de que el niño «se ha salido con la suya»; en cambio, si se hace bien, puede tener efectos reales y duraderos. Imagina un calibre grande con una aguja. En un lado del instrumento está lo que el niño necesita. Esto incluye las necesidades del momento, además de las que le servirán para aprender a comportarse mejor. En el otro lado está lo que se merece, lo cual puede ser en muchos casos una respuesta irracional, si bien gratificante, por parte del progenitor.

Pregúntate dónde apunta la aguja en tu medidor de «Necesidades frente a Merecimientos». ¿Se inclina demasiado hacia «Merecimientos»? ¿Es posible que estés imponiendo innumerables castigos que no parecen tener el efecto deseado? ¿O te preocupa el hecho de que, en retrospectiva, tus castigos fueran demasiado duros? ¿O te ves manteniendo conversaciones repetitivas sobre las consecuencias que siempre cubren los mismos aspectos?

Si es así, tienes que empujar suavemente el puntero hacia «Necesidades». En este extremo del instrumento, el objetivo es utilizar la consecuencia más leve que consiga ser eficaz. No elijas la peor sanción de tu acervo. Busca la que sea útil.

La consecuencia eficaz más leve posible

El objetivo, por encima de todo, es evitar consecuencias punitivas. «Siéntate ahí un minuto» no es punitivo, mientras que «Siéntate ahí una hora» sí que lo es. «Vete a tu cuarto que ahora voy a hablar contigo» no es punitivo; «Vete a la cama sin cenar» sí que lo es. «Te voy a quitar el juguete por ahora» no es punitivo; «Te he tirado el juguete por la ventana del octavo piso» sí que lo es.

Las consecuencias punitivas tienen como objetivo «lanzar un mensaje», pero lo que consiguen realmente es dañar la confianza. En lugar de eso, hay que impartir la lección necesaria, nada más. Lo que se busca es la consecuencia eficaz más leve posible.

Si impones sanciones desmesuradas, no solo parecerás poco razonable, sino que te quedarás sin margen de maniobra. Si las cosas empeoran, no tendrás más recursos: «Vale, pues ahora voy a doblar la sanción. No volverás a salir de casa, DOS VECES».

Hay muchas opciones de consecuencias proporcionales que enseñan a comportarse mejor de un modo positivo, en lugar de las que se limitan a enseñar «No». A continuación doy algunos ejemplos.

CONSECUENCIAS RACIONALES

Una consecuencia racional es serena y lógica. Si tu hija esparce pintura por toda la cocina, una charla de cinco minutos sobre el tema puede parecerle un buen trato, incluso una ganga. No te sorprendas si mañana se repite el *paintball* de interior. La consecuencia racional es que tenga que limpiar lo que ha ensuciado. Si es demasiado joven para hacerlo sola, tienes que ayudarla a limpiar el desastre. Hacer las cosas bien, reparar y enmendar pueden ser consecuencias racionales apropiadas. La clave está en adaptar adecuadamente la consecuencia al niño, al contexto y a la situación.

Consecuencias acordadas

Tal vez quieras acordar de antemano algunas consecuencias que utilizarás para que no sean una sorpresa cuando aparezcan. Resístete a enumerar todas las consecuencias posibles que tu mente retorcida sea capaz de idear y céntrate en solo tres. Describir de antemano las consecuencias reducirá la probabilidad de que recurras a consecuencias desproporcionadas porque te sientas enfadado, molesto o con ganas de emigrar sin compañía. De la misma forma que no deberías improvisar conversaciones peliagudas, tampoco deberías improvisar las consecuencias.

Consecuencias prácticas de reparación

Busca consecuencias que garanticen que la reparación del niño beneficia a la familia. Es posible que no puedas reclamar el valor en metálico del helado robado torticeramente en mitad de la noche, pero hay otras formas de devolverlo: hacer más tareas, ayudar con la cena o fregar los platos. Por otro lado, recuerda que algunas consecuencias de la reparación son más problemáticas de lo que valen. «Vas a hacer la colada durante un mes» suena genial. Sin embargo, un poco de previsión te ahorra la agonía de tener que ver a una criatura de nueve años metiendo en la lavadora la ropa sin ton ni son en el ciclo caliente y encontrarte con la cómica estampa de que toda la familia tenga que llevar seis meses prendas de lana encogidas.

CONSECUENCIAS INMEDIATAS

La consecuencia siempre es mejor cuando se ejecuta en un lapso próximo al incidente. Los niños pequeños, en particular, necesitan que sea inmediata y ejecutada lo antes posible. Si entre la acción y la consecuencia se interpone un almuerzo, un programa de televisión o una excursión a la piscina, la consecuencia pierde su sentido. En el caso de los niños muy pequeños, cualquier actividad que se interponga arruina la lección: se habrán olvidado del asunto del que les estás hablando. En el caso de los adolescentes, puede mediar más tiempo entre el incidente y la consecuencia, si bien imponer esta última una semana o un mes más tarde también carece de sentido. Quizá recuerdes haberte presentado a un castigo escolar sin tener ni idea de por qué te lo habían puesto y descubrir semanas más tarde que venía de tu profesor de Historia y de una clase de hacía un mes.*

---

* ¿No? ¿Solo yo entonces?

Cinco pequeñas consecuencias que funcionan

- *Irse a la cama diez minutos más temprano.* Como consecuencia de haberse levantado tarde.
- *Tener que escuchar Radio Nacional/Julio Iglesias/Guerra y paz en el coche.* Como consecuencia de un mal comportamiento en la carretera.
- *Retraso de los privilegios.* En lugar de quitárselos del todo.
- *Reducción del tiempo frente a la pantalla.* En lugar de tirar la Xbox a la basura.
- *Sacarlos de un evento durante una pausa.* En lugar de expulsarlos del evento entero.

Aplicar las consecuencias sin dramatismo

No basta con planificar las consecuencias, también hay que planificar cómo aplicarlas: sin dramatismos.

A estas alturas, no te sorprenderá oír que la coherencia es la clave. Piensa bien cómo aplicar una consecuencia derivada de distintos comportamientos antes de que estos se produzcan y qué consecuencias consideras razonables en frío. Las dinámicas de improvisar castigos y dejar que tus emociones guíen tu comportamiento deben quedar en el pasado cuanto antes.

Tal vez quieras estructurar tus respuestas en unos pocos pasos. Esto ayuda a los niños a entender que hay consecuencias recurrentes por repetir una mala conducta. Y lo que quizá sea más importante: también te ayuda a no perder la perspectiva gracias a que cuentas con un plan bien pensado. Sin unos pasos claros, es fácil pasar de una consecuencia pequeña a un castigo enorme en un santiamén. Para que las consecuencias sean efectivas, deben empezar por lo más pequeño y luego ir aumentando lógicamente en los pasos más pequeños posible.

Estos pasos te ayudarán a mantener la calma y a resistirte al «es la decimoséptima / trigésimo cuarta / millonésima vez que te lo digo». También pueden ayudarte a ver el comportamiento como lo que realmente es: un niño que pone a prueba los límites, en lugar de un niño que busca hacerte rabiar. Ten en cuenta que los pasos no son una solución en sí mismos: el hecho de llegar al cuarto no significa que la conducta vaya a desaparecer mágicamente para siempre. Pero son una medida eficaz y reutilizable para enseñar nuevos comportamientos.

1. RECORDATORIO

«No es nada bonito eso que has dicho. Recuerda nuestra regla sobre el respeto. Este es tu recordatorio.»

La frase final es importante. Quieres que esta petición destaque entre todos los recordatorios generales que se producen a diario. El uso repetido de esta frase consigue que el niño llegue a reconocerla enseguida hasta convertirse en una señal para todos de que el comportamiento en cuestión debe cambiar.

2. ADVERTENCIA

«Has elegido usar ese lenguaje de nuevo. Ser amable es importante. Esto es una advertencia.»

Una vez más, la frase final es clave. Es firme, un poco formal y más insistente. Avisa al niño de que vas a tomar medidas si no se respetan los límites. No hay una escalada monumental entre el recordatorio y la advertencia, pero el cambio en el lenguaje y el tono hablan por sí solos. La fase de advertencia es la última oportunidad que tiene el niño de cambiar el comportamiento y hacerse con el control de lo que ocurra a continuación. Traspasado este punto, serás tú quien decida lo que ocurre. Tú tomarás el control.

3. TIEMPO JUNTOS

«Vamos a tomarnos un momento. Apartémonos de la gente para poder hablar de esto como es debido.»

El tiempo juntos es mucho más eficaz que el tiempo aislados. El tiempo juntos significa estar con un adulto, mientras que el tiempo aislados consiste en que el niño se autorregule solo. El tiempo a solas con un adulto implica una conversación y un espacio para reorganizarse. Es cierto, no obstante, que los niños mayores a los que se ha enseñado ya a regularse pueden necesitar un tiempo a solas, lo cual no implica que no exista la posibilidad de conversar y volver a conectar con un adulto. Si el comportamiento es extremo, puede ser necesario pasar inmediatamente a esta fase, pero si se trata de transgresiones menores, hay que llegar al tiempo juntos paso a paso. En esta fase, tú decides lo que ocurre y qué consecuencia, en caso de que la haya, es proporcionada.

4. CONSECUENCIA

«Te tendrás que ir a la cama diez minutos antes esta noche. ¿Te acuerdas de ayer, cuando compartiste tus juguetes la mar de bien? Así es como quiero verte ahora.»

Si tienes que aplicar una consecuencia más seria que el recordatorio, la advertencia o un tiempo juntos a solas, y no siempre será así, relaciónala con un buen comportamiento anterior de tu hijo. Le estarás recordando que la mala conducta es una desviación de la norma, y no quién es. Además, así se reducen las posibilidades de que se produzca un motín a pequeña escala.

El comportamiento como herramienta comunicativa

Todo comportamiento es una invitación a responder. Si lo haces con ira instantánea y castigos, estás ignorando o pasando por alto lo que se está comunicando. Mientras tanto, la necesidad de comunicación del niño no desaparecerá.

El castigo puede aplacar de momento el comportamiento exterior, pero más tarde te encontrarás en una situación más complicada, cuando tu hijo vuelva a comunicar lo mismo más alto y claro. Posiblemente de una forma imposible de ignorar.

Por eso, cuando ejecutes las consecuencias, no pienses solo en el resultado deseado, sino también en la posible causa del comportamiento. ¿Qué intentaba comunicar tu hijo, aunque fuera de manera torpe? ¿Cuáles son las señales que puedes aprender para la próxima? ¿Y cómo puedes apoyarle cuando vuelva a ocurrir?

No se trata de buscar culpables ni de cargar en los progenitores unos sentimientos de culpa que ya tienen de por sí. Es un método para aprender, perfeccionar y mejorar tu respuesta para la próxima vez. Siempre hay formas de afinar nuestro propio comportamiento si nos atrevemos a reflexionar.

PONTE A PRUEBA

- Dale tiempo (sobre todo la primera vez). Después de aplicar una consecuencia, es importante que el niño tenga la oportunidad de corregir su comportamiento. Resulta tentador estar encima y vigilar si obedece al instante. En un ambiente así no se toman buenas decisiones. Aléjate, dale la espalda, deja que decida si sigue tus instrucciones o no. Dale un poco de tiempo para decidir lo que va a hacer.

TEN EN CUENTA

- No repases los incidentes con lupa. No es buena idea en ningún caso. Hacerlo reanuda inevitablemente la misma discusión que llevas diez minutos tratando de detener. Simplifica las cosas, no repitas lo que acaba de ocurrir. Aplica la consecuencia con suavidad, recuérdales los límites, recuérdales que deben comportarse mejor y pasa a otra cosa. Intentar buscar culpables o desencadenar una espiral de «él dijo / ella dijo» es una pérdida de tiempo.
- No conviertas las consecuencias razonables en irracionales. Las pequeñas consecuencias razonables que se repiten con demasiada frecuencia no tardan en volverse irracionales. «Tendrás que irte a la cama cinco minutos antes por cada vez que hayas sido grosero conmigo. Tu hora actual de acostarte son las once de la mañana.»

PÍLDORAS INFORMATIVAS

- Una consecuencia proporcionada evalúa el peso de la acción, no el peso de tu emoción. Dice «no» al tiempo que trata de enseñar al niño a comportarse mejor.
- Antes de intervenir, sepárate. Recuérdate a ti mismo (y a tus retoños) que su comportamiento y su persona no son la misma cosa, lo cual es una suer-

te. Es más fácil trabajar sobre la conducta que intentar cambiar el carácter.

• Practica considerar los incidentes relacionados con el comportamiento como momentos de aprendizaje. Son oportunidades de oro, aunque no lo parezcan. Aprovéchalas bien.

9
REPARACIÓN RESTAURADORA

Los castigos no enseñan a comportarse mejor;
las conversaciones restaurativas, sí

El mundo está lleno de personas que creen que su comportamiento no afecta a los demás tanto como el comportamiento de los demás les afecta a ellas. Todos nos encontramos con esta actitud en nuestras propias comunidades. A veces la vemos en el espejo. Pero si nos estamos esforzando en crear una sociedad donde las personas se cuiden unas a otras, los niños tienen que aprender el impacto de su comportamiento en los demás.

La cuestión es cómo. En el último capítulo aprendimos qué aspecto tienen las consecuencias proporcionadas de un comportamiento incorrecto. Al final, el castigo no es un gran maestro. Mal aplicado, es disperso, aleatorio y, a menudo, desproporcionado. Pero incluso si se hace bien, no puede transformar radicalmente el comportamiento de un niño. Para ello, es necesario hacerle reflexionar y elaborar un plan para situaciones similares en el futuro. Se necesita una conversación restaurativa.

Cuando los ánimos se han caldeado, los modales han desaparecido o se han dicho cosas que hubiera sido mejor no decir, las conversaciones restaurativas son la única forma de satisfacer las necesidades de todas las personas implicadas. A diferencia de los castigos, ofrecen un plan para tratar no solo el incidente en sí, sino la restauración y reparación posteriores.

Esto significa que, a largo plazo, la respuesta para mejorar el comportamiento está en las conversaciones estructuradas y planificadas con tus hijos. Una vez más, no se trata de un apaño rápido. Una vez más, hay que trabajar. Y una vez más, la mayor parte de ese trabajo recaerá en ti.

Algunas veces, los progenitores son extraordinarios en una crisis. Lidian con los comportamientos más difíciles en el momento. Sin embargo, no hacen un seguimiento posterior. Es posible que estén tan agotados por la conducta que no tengan energías para repararla. Tal vez no quieran arriesgarse a exacerbar de nuevo la situación.

En cualquier caso, sin la conversación restaurativa no se aprende nada más que «has infringido las normas». Es menos de la mitad del trabajo. Es necesario que les enseñes a tus hijos a reflexionar sobre su comportamiento y elaborar un plan para el futuro.

Conversaciones restaurativas

Una conversación restaurativa no es una conferencia de justicia restaurativa. Dichas conferencias duran varios días: las víctimas y los autores de un delito se reúnen, debaten lo sucedido y encuentran nuevas formas de avanzar juntos. Son detalladas, minuciosas y se desarrollan a un ritmo que permite a todas las personas implicadas disponer de tiempo y espacio para participar. Si celebraras una conferencia de justicia restaurativa cada vez que tu hija te llama «caraculo» (inserta aquí el equivalente apropiado según su edad), te pasarías la vida en una conferencia.

Las conversaciones restaurativas son más breves y están estructuradas en torno a un máximo de cinco preguntas. Se resuelven en cuestión de minutos, no de días, y son lo bastante sencillas como para poder utilizarse en una gran variedad de situaciones. No es más que una conversación de progenitores un poco más planificada y estructurada; una conversación que ayuda a todo el mundo a analizar los incidentes de forma lógica, a volver a trazar los límites y reflexionar sobre el comportamiento futuro.

La característica que define una conversación restaurativa es que trata de reparar el daño. Cuando se ha roto la confianza o se han dañado las relaciones, estas conversaciones vienen al rescate. A veces serán las sustitutas del castigo, otras irán acompañadas de consecuencias adicionales. Las conversaciones restaurativas son la parte importante del asunto puesto que la atención se centra en la comprensión y el aprendizaje.

Los detalles importan a la hora de reparar una relación. En lo que respecta a restaurar los vínculos, es a menudo el adulto quien toma todas las decisiones: cuáles serán las preguntas, su orden, dónde tendrá lugar la conversación, cuánto durará y cuándo empezará y terminará. Este no es siempre el mejor enfoque. No estoy sugiriendo que cedas estas decisiones a un niño de seis años, pero vale la pena reflexionar sobre el desequilibrio de poder con el fin de hacer unos pequeños ajustes. Debes demostrarles a tus hijos que tienen voz, que estáis manteniendo una conversación en la que su opinión cuenta. Esto significa que el resultado no debe estar predeterminado y que debes dejar que los niños participen en la decisión de dónde, cuándo y durante cuánto tiempo tiene lugar la conversación.

Por encima de todo, significa que contemples la posibilidad de que tú también tienes responsabilidad en lo que ha sucedido, no solo ellos. A veces todos tenemos un día de 2/10 y, al reflexionar, nos damos cuenta de que podríamos habernos comportado mejor. Hacer como que no ha pasado nada y fingir que no has hecho nada malo les da un ejemplo equivocado a tus hijos. Sé sincero. Responde a las preguntas con honestidad y humildad, tal y como te gustaría que lo hicieran ellos.

La mayor parte del tiempo estarás libre de culpa, pero nadie lo está siempre.

Disculparse rápido y despacio

Por todo lo anterior, una conversación restaurativa no puede ser solamente el preludio a las disculpas del niño. Si se plantea de este modo, no será más que una conversación unilateral con un único resultado: el niño sabrá que no hay una búsqueda real de la verdad ni de la comprensión mutua. Sabrá que, diga lo que diga y cometa los errores que cometa el adulto, el resultado siempre será una disculpa cortés por su parte. No es de extrañar que las charlas de los progenitores empiecen a menudo con el niño diciendo: «Lo siento. ¿Puedo ir ya a asesinar a unas cuantas personas en el ordenador?». Prefieren saltarse el interrogatorio y volver al ciberasesinato.

No me malinterpretes, los niños (y los adultos, dicho sea de paso) deben disculparse cuando cometen una falta, pero dicha disculpa no debería ser una parte automatizada del proceso, pues no hay sinceridad en ello.

Hay muchas formas de disculparse. Hay días en los que no resulta fácil y hay que volver a hacerlo más tarde o al día siguiente. Las disculpas funcionales se basan en que los niños hagan lo que tienen que hacer de forma mecánica, por lo que no tienen ningún significado real y no son más que una actuación donde se repiten unas frases ensayadas. A menudo, una disculpa será el resultado adecuado. Sin embargo, no puede acabar siendo rutinaria, sino que debe producirse de forma orgánica, como producto de una conversación restaurativa.

Al mismo tiempo, una conversación restaurativa no es una negociación. No es una oportunidad para culpar al adulto ni para que el niño intente excusar su comportamiento. Tu autoridad no se pone en tela de juicio. Puede haber momentos en los que reflexiones sobre un incidente y decidas que tu conducta no fue de ninguna ayuda, pero eso no significa que la conversación restaurativa esté diseñada para analizar lo que has hecho. Es una oportunidad para que el niño se mire en el espejo y advierta su propio comportamiento y el reflejo de sus decisiones. Es la oportunidad de ver si hay formas diferentes de hacer las cosas en el futuro y de reflexionar sobre quién más puede haberse visto afectado por el comportamiento en cuestión.

Conversaciones que funcionan

El objetivo final de toda conversación restaurativa es que el niño reflexione sobre los efectos que sus acciones tienen en los demás.

Trabajé en una ocasión con el profesor David Lisowski, un director extraordinario en la actualidad, en los primeros días de la introducción de las conversaciones restaurativas en las escuelas. Estaba convencido de que este tipo de conversaciones tenía mucho poder y se ofreció a «charlar» con alumnos que habían sido expulsados de clase.

El instituto de secundaria en cuestión era grande y estaba situado en los suburbios, con todos los retos que ello conllevaba. No era un lugar en el que se hubiera aplicado previamente un enfoque restaurativo del comportamiento. Pese a todo, al cabo de unas pocas semanas, David seguía manteniendo conversaciones restaurativas con niños de varias clases y los adultos comenzaban a comprobar que surtían efecto.

Con el permiso de los niños y sus progenitores, me envió vídeos donde los alumnos respondían preguntas y reflexionaban sobre su comportamiento. En uno de estos vídeos podía verse a Kai, de doce años. «¿A quiénes les han afectado tus actos?», le preguntó David. Kai respondió con un rotundo: «A mí. Solo a mí».

Al principio, Kai no podía imaginar haberle causado dificultades a nadie. David le explicó pacientemente que su arrebato en clase les había causado problemas a varias personas. Le explicó con calma y lógica quiénes eran esas personas y cómo se habían visto afectadas: «Cuando lanzaste el libro a la otra punta del aula y le dio a Fay en la cara, ella se vio afectada. El señor Knight se vio afectado porque tuvo que dejar de enseñar, que es lo que ama más que nada. La señorita Ali se vio afectada porque tuvo que venir y sacarte del aula. Y a mí me ha afectado porque he dejado a un alumno que necesita ayuda para hablar contigo. No olvides, claro está, que mamá se verá afectada ya que voy a tener que llamarla a la hora de comer y hablar de lo que ha pasado, y sé que no le gusta que la llamen al trabajo».

Kai escuchó atentamente, con los ojos abiertos de par en par. Esto resultaba ser toda una revelación para él. La idea de que su comportamiento pudiera afectar negativamente a los demás parecía dar un vuelco a toda su visión del mundo. David le preguntó si lo había entendido: «Kai, ¿puedes recordarme a quién has afectado hoy?». Kai repitió lo que él le había dicho: «A Fay, al señor Knight, a la señorita Ali, a ti, a mamá y a mí». Mientras lo hacía, se reflejó en su rostro la toma de consciencia del efecto de su comportamiento. «Son muchas personas, ¿verdad, Kai?», preguntó David. Kai asintió con auténtico pesar. Un asentimiento solemne, pensativo, enormemente reflexivo para un niño de doce años que solía estar perdido en su propio mundo.

En ese momento, David demostró por qué las conversaciones restaurativas son la única vía para el cambio de comportamiento a largo plazo. Ese tipo de aprendizaje no se adquiere con castigos punitivos. Solo se consigue guiando a un niño para que piense por sí mismo.

Los cinco reparadores

¿Cómo se dirigen estas conversaciones? Es fácil complicar demasiado las cosas. Una conversación restaurativa no es un interrogatorio policial con grabadora y representación legal. Tiene que ser sencillo. Cinco preguntas son suficientes; para los más pequeños, basta con dos.

Proporciono a continuación más de cinco para que puedas elegir las preguntas más adecuadas según la situación y el niño. No las necesitarás todas. Sabrás que la conversación ha terminado porque habréis hablado del incidente, lo habréis visto desde distintas perspectivas y habréis elaborado un plan para lo que tiene que pasar a continuación. La mayoría de las veces tus conversaciones restaurativas serán sencillas y se resolverán perfectamente. A veces las cosas pueden complicarse un poco y la conversación acaba revelando más información, modificando así el resultado.

Acostúmbrate a que la conversación restaurativa sea una charla y no una solución instantánea a todos tus problemas. Al abordar juntos cada una de las preguntas, recuerda que entre tu verdad y su verdad está *la* verdad. Las preguntas son para el niño, pero también para el adulto. Aunque esté claro desde el principio que el adulto no ha cometido falta alguna, debe responder también a las preguntas: no porque deba dar cuenta siempre de su comportamiento, sino porque su ejemplo es vital. Debe ser una conversación bidireccional, no una entrevista.

1. ¿QUÉ HA PASADO?

Escucha con atención y desapasionadamente el relato del niño sobre lo ocurrido, sin interrumpirle ni discrepar. Él también tendrá que escuchar tu relato después, sin juzgarte.

La memoria es una bestia extraña. Recordar lo sucedido para que ambas partes sepan exactamente el comportamiento que está en el punto de mira es un lugar de partida vital. Evita decir «Y entonces decidiste que sería inteligente volcar la pintura sobre el conejillo de Indias». Ten cuidado con la forma en que presentas tu relato. Ve despacio y con delicadeza. Al fin y al cabo, si ya has decidido exactamente lo que pasó y el resultado de la reunión, toda esta charla carece de sentido.

Al mismo tiempo, no hay que dejar que la conversación se convierta en un examen forense de los detalles punzantes de lo sucedido. Cuando un adulto y un niño intentan relatar los pormenores del mismo incidente, la memoria defrauda a todas las partes. Lo que se recuerda —el lenguaje, el contexto, los momentos relevantes— se rememora con diferente énfasis y emoción. Por lo tanto, tu objetivo es establecer los hechos básicos y seguir adelante.

2. ¿EN QUÉ ESTABAS PENSANDO EN ESE MOMENTO?

Esta pregunta ayuda al niño a reconsiderar sus acciones y a reproducir sus procesos mentales. Fomenta la autorreflexión. Su pensamiento del momento puede haberte parecido irracional, y es posible que también se lo parezca a él en retrospectiva. Sin embargo, puede que al niño no le resulte tan obvio lo erróneo de su juicio inicial respecto a su comportamiento. Merece la pena dedicar un poco de tiempo a intentar ver cómo se desarrollan los acontecimientos desde su perspectiva.

Tu perspectiva es otro elemento vital. Es posible que otras distracciones hayan distorsionado tu juicio y quizá necesites volver a analizar tu respuesta. La autorreflexión no es solo para los niños. Cómo viste el incidente en ese momento puede haber estado influido por una gran variedad de factores, como tu estado de ánimo, otras personas que te observaban, el cansancio e incluso la hora del día. Siempre es saludable revisar en frío los juicios que hiciste en ese momento.

3. ¿QUÉ HAS PENSADO DESDE ENTONCES?

Aunque no haya pasado mucho tiempo desde el incidente, ambos habréis reflexionado sobre él. Puede haber sido una oportunidad para que el niño recule, cambie de actitud o modifique su explicación. Quizá haya sido tu oportunidad para hacer lo mismo.

Las respuestas a esta pregunta variarán en función del momento que elijas para hablar. La conversación debe tener lugar cuando todo el mundo esté tranquilo. No suele ser una buena idea hacerlo inmediatamente después del incidente, sobre todo si los implicados siguen alterados. Pero no hay una regla rígida: el momento de hablar es una decisión que debes tomar en función de tu hijo. Cuanto más pequeño sea, más próximos deben estar el suceso y la conversación restaurativa. En el caso de los mayores, puedes esperar una hora más o menos, o tal vez hasta el final del día.

4. ¿QUIÉN SE HA VISTO AFECTADO Y CÓMO?

Es posible que el niño no sea consciente de que su comportamiento ha afectado a más personas, sobre todo si se trata de niños pequeños. A menudo, la respuesta a la pregunta «¿Quién se ha visto afectado?» es «Yo, yo me he visto afectado: estoy aquí sentado hablando contigo cuando debería estar jugando con mis amigos en línea. Fue mi juego el que se rompió y soy yo el que ya no puede jugar». Solo con un pequeño empujoncito será capaz de ver el panorama completo. «Cuando lanzaste la consola al otro lado de la habitación, le diste a la abuela en el ojo, así que se vio afectada. Yo me he visto afectado porque debería haber empezado a trabajar hace cinco minutos. Tu amiga se ha visto afectada porque está esperando a que vayas a jugar...»

Verás que cuanto más desarrolles esta pregunta, más fácil le resultará al niño responderla. Estás enseñando empatía, directamente y con éxito. Con el tiempo, estas preguntas reflexivas podrían venírsele a la cabeza antes de actuar. Le estás animando a utilizar su conciencia de los demás para que esta impulse las decisiones sobre su comportamiento.

No basta con reconocer que otros puedan estar afectados. Para fomentar una empatía más profunda, explora cómo se han visto afectados. ¿Cómo se han sentido? ¿Cómo ha cambiado su día el incidente? ¿Qué pueden estar pensando sobre lo ocurrido? Al final, pide al niño que enumere de nuevo a las personas que se han visto afectadas, quizá subrayando: «Son muchas las personas que se han visto afectadas, ¿verdad?».

5. ¿QUÉ HACEMOS PARA ARREGLAR LAS COSAS?

Hay muchas respuestas posibles a esta pregunta. Por supuesto, está la disculpa. Pero también puede ser limpiar el desastre, reparar una relación, hacer una buena acción, escribir una carta... y, quizá lo más importante, cambiar la conducta. Este es un buen momento para enseñar valores: qué debemos hacer para arreglar las cosas, pero también por qué debemos arreglarlas.

Puede que el niño necesite ayuda para dar con las opciones adecuadas; puede que necesite un empujón en la dirección correcta para encontrar una respuesta que encaje. Estas preguntas reciben contestaciones diferentes de una conversación a otra.

6. ¿CÓMO PODEMOS HACER LAS COSAS DE OTRA MANERA EN EL FUTURO?

Es el momento en que se vuelven a trazar los límites. Es cuando se modela el comportamiento futuro. Esto no significa que las cosas vayan a ir perfectamente la próxima vez, pero sí que hay muchas posibilidades de que vayan considerablemente mejor.

También es el momento de la conversación en el que las respuestas estándar son más probables. Está claro que la conversación está a punto de terminar y no será la primera vez que tu hijo sienta que tiene que prometer lo que sea con tal de dejar de hablar. En lugar de incitar una respuesta llena de compromisos imposibles de cumplir, profundiza en los detalles. «Cuando te pregunte por qué llegas tarde, en lugar de decirme "Que me dejes, tía", di "Lo siento, mamá" y dame un abrazo.» Naturalmente, ayudarás a tu hijo a replantearse algunas de las decisiones que ha tomado. Es muy posible que ya haya pensado en ello y te utilice como caja de resonancia. Es un buen punto final para la conversación restaurativa.

Lo peor que puedes hacer al final de la conversación es hacer un resumen de tu juicio. «Vale, entonces ahora reconoces que te has equivocado y dices que vas a disculparte y que nunca volverás a ser tan grosera con el cartero.» Se trata de lo contrario. Una conversación restaurativa no está pensada para establecer ningún juicio, al menos no de los demás. Al final de la conversación, dile a tu hijo que le quieres, dale un abrazo y pasa a otra cosa.

El último recuerdo de un acontecimiento suele ser el que más dura. Querrás que tu hijo rememore la conversación restaurativa con la sensación de que fue justa, serena y reflexiva.

Otras cuatro preguntas restaurativas (para intercambiar)

- *¿Qué ha tenido hoy de inusual?* Para cuando creas que el contexto afectó negativamente al comportamiento.
- *¿Por qué crees que han salido mal las cosas?* Una pregunta abierta para los niños más mayores a los que se les dé bien reflexionar sobre sus actos.

- *¿Qué hacemos a partir de ahora?* Para las veces que creas que tus hijos son capaces de resolver las cosas por sí mismos.
- *¿Quién podría ayudarnos con los siguientes pasos?* Para cuando tú o tus hijos necesitéis un poco más de apoyo.

Organizar bien la reunión

Las conversaciones restaurativas son sencillas pero no fáciles. Hay que planificarlo todo: el entorno, el momento y el ambiente. Cuanto más planifiques, más probabilidades tendrás de cambiar el comportamiento a largo plazo.

Empieza por lo básico: tus propias emociones. Por muy irritado que estés con el comportamiento que ha provocado la conversación, intenta centrarte en el resultado que sea mejor para todos. Eso significa volver a los principios iniciales: el control emocional por parte del adulto. Intentar mantener una conversación restaurativa cuando aún estás enfadado solo va a acabar empeorando las cosas. Sobre todo, no vengas a la reunión con las consecuencias punitivas en mente, ni amenazando con ellas ni debatiendo cuáles deberían ser en esta ocasión o en la siguiente. Empañarán el debate y harán que la conversación no sea verdaderamente reparadora.

También hay que encontrar el entorno adecuado. Las conversaciones restaurativas son mucho más sencillas cuando son individuales. No caigas en la tentación de mantener una conversación restaurativa con más de un niño. Intentar mantenerla con dos niños a la vez significa que no solo ven su propio reflejo en el espejo, sino también el del otro. Esto no deja espacio para la autorreflexión y se corre el riesgo de que surja un conflicto entre hermanos durante el debate.

Este principio se aplica también a los progenitores. Si compartes la crianza, resiste la tentación de que dos adultos y un niño participen en la conversación. No es justo para el niño que seáis dos. Cambiará el ambiente, la conversación y ahogará su voz. A menudo, los adultos intentan controlar al otro además de la charla, lo que desvía por completo la atención. Aunque creas que estáis perfectamente coordinados como educadores, no es el momento de ponerlo a prueba públicamente. Envía a tu pareja a preparar el té.

A continuación, el entorno. Las conversaciones restaurativas nunca deberían desarrollarse como una entrevista: dos personas sentadas una frente a la otra con una mesa en medio. No es un interrogatorio, así que apaga los focos y deja de pasearte por la habitación. En lugar de eso, intenta hacer algo activo mientras hablas. Camina y habla, juega con plastilina y habla, construye monstruos con Lego mientras hablas, da un paseo en coche y habla. La distracción de hacer algo que no requiere un contacto visual constante libera la conversación. Le quita al niño la presión de tener que dar respuestas instantáneas. Se convierte en una conversación menos tensa y más reflexiva.

Esta reunión no va de establecer tu autoridad, sino de crear un espacio en el que tu hijo pueda hablar sin miedo.

Elegir bien el marco también significa escoger el momento. Hay que dedicarle a la reunión el tiempo —y, por tanto, la importancia— que merece. No puede encajarse en un par de minutos antes de ir a dormir o ser una charla rápida antes del colegio. Prevé diez minutos a una hora en la que excederse del tiempo no sea un problema. No es necesario ocuparlo todo, una buena conversación restaurativa puede durar la mitad, pero lo que nadie necesita es la presión del tiempo cuando el único objetivo debería ser la reparación.

Por último, planifica lo que vendrá después de la reunión. ¿Con qué nota positiva vas a terminar? ¿Cómo vas a concluir la charla para que todo el mundo pueda pasar a otra cosa? Resiste la tentación de añadir algo al final de la reunión («Ah, antes de terminar, también fuiste grosero con...»).

Una vez terminada, no caigas en la tentación de mencionar la reunión o los acuerdos a los que habéis llegado delante de sus hermanos o tu pareja. No aludas a ello ni lo utilices para avergonzar o corregir. Minará la confianza necesaria y descubrirás que las reuniones posteriores tienen un tono totalmente distinto. En las conversaciones restaurativas se aplica la norma por excelencia de Las Vegas: lo que ocurre en la reunión se queda en la reunión.

Esto significa que las conversaciones privadas y a veces delicadas estén verdaderamente a salvo. Esta seguridad es importante. Una buena conversación restaurativa es enriquecedora, y el proceso de reparación es fundamental para promover los cambios de comportamiento. Acompañas a tu hijo durante los kilómetros difíciles. Es mucho mejor que un «Déjalo, ya se le pasará».

Cuando las conversaciones se tuercen

Benke era inteligentísima, sabía leer y escribir muy bien... y tenía un comportamiento espantoso. Era el tipo de estudiante que se pasaba la clase entera haciendo el tonto, sin hacer absolutamente nada o maquillándose, pintándose las uñas o haciéndose la pedicura, y al final presentaba un trabajo inmaculado. Era algo extraordinario.

Su comportamiento no parecía perjudicar su educación, pero sí la de los demás. Así fue como me vi manteniendo unas cuantas conversaciones restaurativas con ella. De tú a tú era encantadora. Siempre respondía del modo más elocuente y acertado a las preguntas; hacía los ruidos adecuados, acompañados de la mirada apenada de rigor y la seria promesa de que «la mejor disculpa es un cambio de comportamiento». Empecé a pensar que debería presentarme a un premio al Profesor del Año. Eran unas conversaciones de ensueño. Naturalmente, su conducta no cambiaba en absoluto.

Esperar que todas las reuniones tengan el efecto deseado únicamente porque en ellas te muestras sereno, amable y porque las llevas bien planificadas no es una expectativa realista. Benke se había convertido en una maestra en el arte de la conversación restaurativa en el peor sentido. No se miraba realmente en el espejo metafórico (lo cual resultaba irónico, ya que se pasaba la mayor parte de mis clases mirándose en uno real). Las conversaciones restaurativas tardan tiempo en surtir efecto en algunos niños. Algunos las sabotean deliberadamente solo para ver si persistes. Es posible que les resulte difícil mirarse en el espejo que se les tiende. Quizá obtengas respuestas de una sola palabra a las preguntas que con tanto esmero has seleccionado. Puede que intenten desviar la conversación. Puede que se pongan a llorar y no quieran hablar. O que, como a Benke, se les dé muy bien evadir la conversación.

En el caso de esta alumna, al final empecé a mezclar un poco las cosas. En lugar de sentarnos a hablar, caminábamos y hablábamos. En lugar de las cinco preguntas de siempre, utilicé otras sin previo aviso. Puse en tela de juicio sus respuestas habituales y me detuve durante más tiempo en «¿Cómo podemos arreglar las cosas?». Sus respuestas empezaron a estar menos planificadas y a ser más sinceras. Se vio obligada a reflexionar más y evadir menos. Poco a poco, su comportamiento en una clase de treinta personas se fue pareciendo más al de las reuniones cara a cara. Los pequeños cambios estaban produciendo un gran cambio en la niña. Bingo. Entonces, ¿dónde he dejado mi candidatura a Profesor del Año?

Mi experiencia con Benke me hizo darme cuenta de la importancia de ser flexible. Las preguntas que hagas, el momento en que hables, el tono que adoptes... todo tendrá que ser elegido con cuidado según el caso. Si tu hijo se cierra en banda y la conversación le resulta difícil, puedes optar por hacer una pausa y reanudar la charla unos minutos más tarde. También puedes intentar darle un empujoncito con diversas perspectivas.

- Experimentos mentales: «Vale, ya sé que no crees haber afectado a otras personas, pero imagina que sí, ¿quiénes podrían ser?»; «Ya sé que a veces cuesta saber cómo arreglar las cosas. ¿Cuáles podrían ser nuestras opciones?».
- Escalas del 1 al 10: «En una escala del 1 al 10, ¿cómo de frustrado te sentiste cuando te detuve?»; «En una escala del 1 al 10, ¿cómo de enfadado estabas?»; «En una escala del 1 al 10, ¿cómo de afectados estaban los demás?».
- Elecciones y empujoncitos: «¿Tú crees que comprarle unas flores ayudaría?»; «¿Podemos escribirle una nota?»; «¿Te gustaría que estuviera presente cuando hables con ella?».

Recuerda que a algunos niños estas conversaciones les resultan más fáciles que a otros. El estado mental reflexivo requiere práctica. Algunas personas son pensadores más introspectivos por naturaleza. Son capaces de ver su propio comportamiento tal y como es, reflexionar sobre él y determinar por sí mismas los cambios que deben hacer. Los demás necesitamos ayuda con eso. Cuanto más practiquemos, mejor lo haremos.

Nuevo día, borrón y cuenta nueva

Los incidentes lo empañan todo hasta que se resuelven. Si esperas hasta el día siguiente para mantener una conversación restaurativa, todo lo demás se verá afectado. Por tanto, procura resolverlo todo cuanto antes y, sobre todo, antes de acostarte, para que el nuevo día no esté contaminado por lo ocurrido.

Es importante que tus hijos sepan que cada día es una oportunidad para reajustar su comportamiento y empezar de nuevo. De lo contrario, las conversaciones y las consecuencias parecen no tener fin y se ciernen sobre ellos durante semanas y meses. Es una sensación incómoda. No tardan en sentir que no pueden hacer nada bien. Lo malo nunca se va.

Cuando las cosas ocurren a altas horas de la noche, no siempre es posible resolverlo en el momento, de manera que, en circunstancias extraordinarias, puedes resolver los asuntos pendientes antes o durante el desayuno. Cuando comen el último bocado, se abre la posibilidad de un día positivo. Nuevo día, borrón y cuenta nueva.

Si tu hijo sigue un patrón de malos comportamientos, es aún más crucial que adoptes este mantra. Es fácil que los niños sientan que las consecuencias se están acumulando. Haz borrón y cuenta nueva cada día y empieza la jornada con algunos reconocimientos positivos, incluso —o sobre todo— si crees que el día va a ser tan malo como el anterior. Sin una hoja en blanco, es fácil que el niño se dé por vencido antes de comenzar la jor-

nada. Tras unos días repitiendo los mismos errores, sus expectativas sobre sí mismo estarán por los suelos.

Puede que tus expectativas también hayan caído en picado, pero son tus altas expectativas las que harán que su comportamiento cambie a mejor. Como Eliza Doolittle, la florista que quiere ser una dama, son tus expectativas las que impulsan el cambio: «La diferencia entre una dama y una florista no es cómo se comporta, sino cómo la tratan». Tú tienes el poder de influir en el día para mejor, todos los días.

Al hacer borrón y cuenta nueva, las expectativas pueden restablecerse cada mañana y mantenerse altas. Recuérdale a tu hijo que cada día es un nuevo comienzo, que cada mañana es un nuevo momento positivo.

Crianza restaurativa

He tenido el placer de dirigir cientos de conversaciones restaurativas con niños de todas las edades, orígenes, razas, colores, nacionalidades, formas y tamaños. He mantenido conversaciones que provocaron lágrimas y rabia. Algunas en las que hubo que parar porque no estaban yendo bien. Y otras que no se podían parar porque el niño estaba muy metido en ellas.

He aprendido a esperar y volver a esperar las respuestas, a no preguntar demasiado deprisa y a no tener miedo de los silencios largos, puesto que al final de un silencio largo suele haber una pepita de oro. Una buena reunión restaurativa tiene la voz completa del niño, no solo un acuerdo entre dientes al final de cada pregunta. Esto lleva tiempo desarrollarlo. No lo esperes en la primera.

Ha habido niños que me han presentado pruebas irrefutables antes de poderles formular la primera pregunta: «Lo he hecho, sus golpes están justificados, lléveme a la celda y tire la llave...». Mientras que otros dicen lo menos posible hasta el final, cuando se dan cuenta de que no les espera un gran castigo. Entonces quieren hablar durante horas.

Algunos confían enseguida en la conversación y el formato; otros son más suspicaces y pueden necesitar un tiempo antes de darse cuenta de que las preguntas no forman parte de un montaje elaborado o la caza del culpable. Pero cuando los niños aprenden por fin a confiar en el proceso restaurativo, se produce toda una revelación.

Un clima reparador en el hogar consiste en algo más que en utilizar conversaciones estructuradas para reparar los daños. Requiere una buena disposición para resolver la conducta de forma lógica y racional. Significa que las decisiones sobre el comportamiento se toman cuando se ha restaurado la calma y no en plena crisis.

Tener la reparación y la restauración como principios clave afecta a todas las conversaciones sobre el comportamiento. La suposición subyacente es que los problemas siempre pueden resolverse sin dramas; que los niños tienen voz y voto en la búsqueda de soluciones; que se puede confiar en que los adultos dirigirán con justicia y amabilidad. Los hogares con un corazón reparador son más tranquilos, hay menos broncas y parece que no hay necesidad de pelearse.

Crear un clima que se base en la restauración y no en el castigo es duro. Es el camino más difícil, en el que los momentos de aprendizaje sustituyen a las horas de penitencia. Sin embargo, los resultados son transformadores. Un clima restaurativo supera al Camino del Castigo en ética y, lo que es más importante, en resultados. Es la única manera de crear un cambio de comportamiento duradero.

PONTE A PRUEBA

- Limítate a una conversación restaurativa por semana durante las primeras semanas. No hay que sobrecargarse. Haz un seguimiento de los resultados y observa el comportamiento posterior de tu hijo. ¿Qué ideas se han mantenido? ¿Qué comportamientos han vuelto a aparecer? ¿Cuánto han durado? ¿Cómo ha cambiado vuestra relación? ¿Qué efectos han tenido las consecuencias / el reconocimiento positivo desde entonces?

TEN EN CUENTA

- No repitas demasiado. Para algunos niños, oír las mismas preguntas todas las veces les transmite una coherencia que aprecian. En cambio, para otros, la repetición fomenta el juego. Aprenden rápidamente qué respuestas funcionan mejor con determinadas preguntas. Aprenden a contestar para complacerte y no hay una reflexión genuina. Dejan de mirarse en el espejo. En este caso, hay que cambiar las preguntas, mezclarlas y reducir la capacidad del niño de contestar como un autómata.

- Evita el excesivo desequilibrio de poder. Recuerda que, desde el punto de vista del niño, existe un serio y perpetuo desequilibrio en la relación: los adultos tienen todo el poder, el control y el dinero. No puedes erradicar esto por completo, pero puedes reconocerlo y tomar medidas para minimizarlo. La forma en que organices tus charlas reparadoras, el tono que utilices y el quién tome las decisiones pueden ayudar a equilibrar la situación.

PÍLDORAS INFORMATIVAS

- Hazte tú también las preguntas. Es un diálogo, no una sesión para avergonzar a nadie. El ejemplo que des lo es todo. Tu capacidad de reflexión y análisis será captada e imitada.
- No todas las conversaciones restaurativas serán un triunfo. Si la reunión es un desastre, si tu hijo no puede mantener una conversación respetuosa, interrumpe la reunión o posponla para un momento mejor.
- No las llames conversaciones restaurativas o tu hijo sabrá que has leído un libro sobre el tema. Son conversaciones, nada más.

CONCLUSIONES
EL COMPROMISO DE LOS PADRES
Un objetivo es solo un deseo hasta que se escribe

El ser humano es voluble por naturaleza. La razón por la que muchas estrategias de crianza fracasan es la dificultad de comprometerse con ellas a largo plazo. Es frecuente oír: «Lo intenté, pero no funcionó» o «Sigue igual que ayer» o incluso «Parece que nada funciona con este niño».

Sin embargo, un cambio de comportamiento lleva mucho tiempo. Implantar adecuadamente ese cambio lleva aún más tiempo.

Es fácil empezar con las mejores intenciones y luego distraerse. Antes de que te des cuenta, han pasado cuatro días desde la última vez que reconociste algo positivo o invocaste un mantra personal. Pero dime que no funciona cuando haya pasado un mes, no un día. El cambio tardará más de lo que esperas, pero merecerá la pena.

Comprométete a cambiar tu forma de educar. Escríbelo. Un objetivo no es más que un deseo hasta que se escribe. Empieza por concentrarte en la semana que tienes por delante. Escribe el cambio que te comprometes a hacer en los próximos siete días. Pégalo a algo que veas todos los días: la parte de atrás de tu teléfono, el salpicadero o tu llavero. O busca un guijarro que represente tu promesa y colócalo en un lugar visible con la nota debajo. Cada día que veas la nota, la piedrecita o el recuerdo, reafirmarás tu compromiso con la tarea. Te recordará por qué lo estás haciendo.

A continuación, prepárate para renovar el compromiso. Una promesa de siete días pronto se convierte en un mes repitiendo el mantra; cuando han pasado dos meses, el mantra ya forma parte de «cómo se hacen aquí las cosas». Funciona, te lo prometo. He visto a adultos que han hecho promesas de siete días y cinco años después siguen llevando la promesa en su llavero, un pequeño recordatorio de dónde empezaron. Los padres no cambian en una transformación drástica. Los pequeños cambios bien hechos a lo largo del tiempo son los que tienen un impacto mayor.

Papás liebre

Los papás liebre leen un libro sobre crianza y, antes de pasar la última página, ya han llevado a la práctica todas las ideas.

Los papás liebre recogen ideas y corren a toda velocidad con ellas hasta quedar exhaustos.

En casa de los papás liebre adornan las paredes rutinas escritas con luces de neón, hay carteles que anuncian las nuevas normas y una sala ambientada según el estado de ánimo para las conversaciones restaurativas de antes del desayuno (antes era la sala de estar).

Su entusiasmo por las nuevas formas de trabajar es admirable, la pasión notable, pero el plan de los liebre es caótico, precipitado y abocado al fracaso. Las estrategias implementadas con prisas siempre se aplican mal. A medida que cada nueva iniciativa se acumula sobre la anterior, el verdadero valor de las ideas se pierde en el caos.

Los cambios no pueden hacerse de golpe ni asegurarse en pocos días. Puedes cambiar tu forma de criar inmediatamente, pero a tu hijo le llevará un poco de tiempo. Es una maratón, no un esprint. Poco y frecuente son la clave. Despacio y con constancia se gana la carrera.

Para mejorar el comportamiento, la más indicada es la crianza de papás tortuga. Cada paso incremental significa que el estado de ánimo es más tranquilo, los límites son más ajustados y la relación es más fuerte. Sentirás que las cosas mejoran y, luego, perduran. Los cambios hechos al ritmo que le conviene a tu hijo implican que no necesites pararte a descansar. El incesante, lento, goteo, goteo, goteo del cambio positivo es fundamental.

El primer plan de siete días es un plan diminuto. Limítate a elegir una cosa en la que trabajar durante una semana y escríbela. Hay una idea que intentar, un pequeño cambio que poner a prueba. Si intentas hacer todo lo que dice este libro a la vez, te sobrecargarás de iniciativas, te agotarás rápidamente y tu hijo pensará que te han hecho un trasplante de personalidad.* Podrías dedicar un par de meses a trabajar tu respuesta emocional y otro par solo a reconocer cosas positivas. Haz cada cosa una vez y hazla bien. Asegúrate de que los cambios sean sólidos y se hayan asimilado antes de pasar al siguiente. Asegúrate de que los cambios se hayan convertido en tus valores por defecto antes de pensar en añadir más.

Cuando introduzcas cada pequeño plan, fíjate en el efecto que está teniendo. A lo largo de la semana, esfuérzate por recordar las ocasiones en que el comportamiento de tu hijo ha cambiado en respuesta a pequeños cambios. Tal vez aumentó la tensión para ver si provocaba la misma reacción o intentó ignorar las reflexiones positivas hasta que fue imposible resistirse a ellas. No esperes milagros: limítate a observar el poder de tu influencia. Intenta reconocer cada vez que cambias tu propio comportamiento y el efecto que tiene en ambos.

Haz los cambios sutilmente. No hay necesidad de fanfarrias ni de una gran reunión de «Vamos a hablar de tu comportamiento» o, peor aún, de «He leído este libro y dice...». Limítate a perseverar: los hábitos se forman con la repetición. No te preocupes por cómo vas a mantener este nuevo enfoque el resto de tu vida. Piensa

---

* O que has leído un libro sobre crianza.

únicamente en la próxima semana. Con un poco de suerte, mi voz estará en algún lugar de tu cabeza, animándote, lanzando reconocimientos positivos y diciéndote de vez en cuando: «Oye, tortuga, ve más despacio».

Cinco pequeños planes para unos papás tortuga

- *Una semana sin gritar.* Ni siquiera para que tus hijos vengan a cenar.
- *Reconoce positivamente tres cosas.* Todas las mañanas antes de ir al colegio, si puedes.
- *Decide utilizar «Me he dado cuenta de que...».* Cada vez que corrijas un comportamiento.
- *Niégate a perseguir comportamientos secundarios.* Vuelve siempre al comportamiento original.
- *Mantén una cara de póquer inquebrantable.* Incluso, y especialmente, cuando la tensión esté aumentando.

Tu plan de crianza en nueve pasos

Cada vez que introduzcas un cambio, comprométete con él adecuadamente antes de pasar al siguiente. Date tiempo. Márcate objetivos realistas y prepárate para cambiarlos si no puedes cumplirlos. La situación de cada persona es diferente. No puede haber plazos rígidos.

Los nueve pasos que siguen son el desglose de este proceso. El orden de los pasos es importante. Empieza por el primer paso y avanza a tu ritmo y tomándote tu tiempo. No te saltes el paso 2 porque te parezca más fácil, ni te saltes pasos porque creas que lo dominas todo a las cuarenta y ocho horas. Si tardas seis meses en conquistar el control emocional, entonces es tiempo bien empleado.

Paso 1: Control emocional

- Decide que no reaccionarás ante el próximo incidente poniendo cara de estar disgustado, levantando la voz o poniendo los ojos en blanco. Si no te inmutas ante un mal comportamiento, tu hijo recibirá una respuesta muy diferente. Felicítate por ser un progenitor excelente cada vez que eres capaz de cumplir esa decisión.
- Separa su comportamiento de tu emoción. Lo único que importa es la relación entre su conducta, las normas y las consecuencias. Mantén tus emociones al margen en ese momento, aunque te permitas un grito o dos en privado.

Paso 2: Coherencia

- Escribe una lista de «Así se hacen aquí las cosas» ahora mismo, antes de llevar a cabo ningún cambio. Piensa en cómo tratas actualmente el mal comportamiento, cómo celebras el comportamiento extraordinario y cuáles son tus expectativas actuales. Enumera ahora los cambios que te gustaría introducir y elabora una lista para el futuro. Compártela con tu hijo, pégala en la nevera y repásala todos los días durante las primeras semanas.

- Piensa en ser un ejemplo coherente. Vuelve constantemente a una pregunta interna: «¿Qué haría ahora el mejor educador del mundo?». Si te gusta comer Choco Krispies encima de los pantalones, disfrutar con los altercados de tráfico, insultar a los vecinos, quedarte en la cama hasta la una de la tarde y fumar Camel sin filtro, lo entiendo, pero no lo hagas cuando tu hijo esté cerca. Necesita un ejemplo mejor.

PASO 3: RECONOCIMIENTO POSITIVO

- Haz un recuento de momentos positivos. Intenta notar al menos diez momentos positivos al día. Que sea sutil, no hace falta que te pongas a hacer fiestas ni que anuncies grandes noticias sobre el comportamiento de tu hijo a los demás clientes del supermercado.
- Cada vez que hagas un comentario positivo, menciona «Así se hacen aquí las cosas»: «Me encanta cómo has compartido esas patatas, es un gran ejemplo de cómo hacemos aquí las cosas». Y haz preguntas para comprender: «¿Por qué crees que ese comportamiento es tan genial?».

Paso 4: Enseñar nuevos comportamientos

- Desecha la idea de ludificar el comportamiento. Averigua cuáles son tus métodos por defecto y comprueba si puedes pasarte una semana sin utilizarlos, ya sean frases, economías de fichas o listas de antecedentes penales. Si recaes, te vuelves a levantar. Ninguno de nosotros es un modelo perfecto. La clave está en intentarlo cada día, en trabajar en ello en lugar de ignorarlo o fingir que no tiene ningún impacto.
- Empieza a cultivar nuevas conductas con atención, elogios y amor. Da por sentado que tu hijo se comportará bien y hará lo correcto. Cambia tu lenguaje para que esa suposición esté implícita en «Gracias por...» y «Sé que tú...».

Paso 5: Normas y rutinas

- Decide y comunica tus tres reglas. Siéntate con tu hijo y hablad de cada una de ellas, anotando por turnos las ideas útiles. «¿Cómo se cumplirán estas normas cuando estemos fuera, cuando vuelvas del colegio o cuando yo no esté aquí?»
- Establece y enseña una rutina de tres pasos. Explícale a tu hijo tus expectativas. Cada vez que iniciéis la actividad durante la semana siguiente, dedica un momento a comprobar que tu hijo recuerda la rutina y el orden de los pasos.

- Empieza a incluir las reglas y rutinas en instrucciones. «Tenemos que ordenar. ¿Se te ocurre qué regla/rutina sería útil antes de empezar?» Informa a todas las personas que cuidan de tu hijo de las reglas y rutinas que utilizas. Pídeles que las refuercen de forma positiva y sincera.

PASO 6: MANTRAS Y GUIONES

- Empieza a utilizar frases asertivas para corregir comportamientos: «Necesito que...»; «Me he dado cuenta»; «Cuando vuelva, veré...», cada vez que abordes un mal comportamiento.
- No temas ser repetitivo. Busca las partes del guion que funcionan y repítelas sin descanso. «Te quiero, pero no me gusta este comportamiento»; «Acuérdate de cuando lo hiciste de maravilla».

PASO 7: MOMENTOS DE INESTABILIDAD

- Revísate a ti mismo cada vez que critiques el carácter de tu hijo en lugar de su comportamiento. Date cuenta de que lo haces. Si es necesario, discúlpate y retráctate. Mantén separados su conducta y su carácter. Hay una gran diferencia entre «No me gustas» y «No me gusta ese comportamiento», entre «Estás loca» y «Ese comportamiento es una locura».

- Practica la niebla. Utiliza las frases clave «Entiendo...», «Te escucho...» y «Sea como fuere...» cuando tu hijo intente discutir o distraerte de su comportamiento o de las consecuencias.

PASO 8: CONSECUENCIAS PROPORCIONADAS

- Planifica tu respuesta al mal comportamiento para poder aplicar las consecuencias sin dramatismos. Has de saber de antemano cuáles van a ser las consecuencias para que sean previsibles, proporcionadas y justas.
- Reflexiona sobre la consecuencia más pequeña que funciona en tu casa. Dale a tu hijo menos «Merecimientos» y muchas más «Necesidades» para comportarse mejor. Resiste deliberadamente las consecuencias basadas en la vergüenza, el silencio y el «amor duro».

PASO 9: CONVERSACIONES RESTAURATIVAS

- Empieza con una conversación restaurativa esta semana. Solo una, pero que sea buena. Ponle un espejo donde se refleje su comportamiento y enséñale a gestionar situaciones similares en el futuro.
- En los días previos a la conversación, utiliza preguntas restaurativas aisladas como parte de una indagación ligera sobre la toma de decisiones del

niño. De este modo, se acostumbrará a pensar de forma reflexiva y se habituará a las preguntas cuando formen parte de una charla reparadora: «¿Qué podrías haber hecho diferente?»; «¿A quién podría afectarle que hicieras eso?»; «Tenemos que arreglar esto, ¿cómo lo hacemos?».

Al final, habrás cubierto todo lo que hay en este libro. En todo momento, recuerda el enfoque: no está en ellos, sino en ti. Tu propio comportamiento es el engranaje central que hace girar todos los demás. Cuando lo domines, las personillas que te rodean no tardarán en funcionar a la perfección.

PONTE A PRUEBA

- Al final del primer día sin gritos o de reconocimientos positivos, piensa en cómo han transcurrido las últimas veinticuatro horas. ¿Ha cambiado algo? ¿Qué reacciones has observado en tu hijo? ¿Cómo te sientes? ¿Ha sido el primer día de ser el mejor educador del mundo? Bien. Ahora sigue.

TEN EN CUENTA

- No fijes unos resultados fantasiosos imposibles de alcanzar. Son una trampa que garantiza el fracaso. «Un comportamiento impecable en cualquier situación» en dos semanas quizá sea poco realista para un niño que tiene dificultades a la hora de seguir instrucciones básicas.

- Tus objetivos no son el problema de tu hijo. Procura no transmitir tu ansiedad: «Verás, tenemos una semana para hacer esto bien». La presión temporal que tú sientes no debería ser la de ellos.
- No te rindas demasiado pronto. Algunos niños necesitan más tiempo para cambiar sus rutinas y expectativas. Márcate objetivos pequeños y realistas para que, cuando tengas un mal día y creas que has vuelto al punto de partida, puedas reconocer lo mucho que has avanzado.

PÍLDORAS INFORMATIVAS

- Escribe una descripción de tu situación actual antes de hacer ningún cambio. Servirá de punto de referencia importante al que volver si alguna vez sientes que no cambia nada. Escríbela como un conjunto de viñetas, un resumen de una página, incluso como una historia... pero cerciórate de guardarla en un lugar seguro, para que puedas recordar dónde estabas antes en lo que respecta al comportamiento de tu hijo.
- Celebra los pequeños cambios. No hace falta que sea en público, pero busca un modo de felicitarte por haber logrado pequeños hitos. Los reconocimientos positivos también funcionan para los adultos, aunque tengas que hacértelos tú mismo.

EPÍLOGO

Todo el mundo responde bien a un enfoque más tranquilo. Los niños lo perciben enseguida y la respuesta es real. Tu serenidad es contagiosa.

A medida que los cambios que has hecho en tu propio comportamiento den fruto, verás que tu relación sustituye a la antigua jerarquía de amenazas y castigos. A medida que las conversaciones restaurativas moldeen nuevos comportamientos, los niños aprenderán a autorregularse mejor. Todo se vuelve más racional, menos emocional y muchísimo más positivo.

Cuando lo haces bien (cuando evitas el apocalipsis matutino porque no has gritado o has reconocido algo con delicadeza y elegido las palabras adecuadas), hay una recompensa pequeña pero tangible: esa ligera sensación de logro rayano en la petulancia.

Esa sensación luminosa es adictiva y no disminuye a

medida que las cosas mejoran. Conforme mejora tu capacidad de mantener la calma, te resulta más fácil superar los momentos difíciles. Reaccionar con menos precipitación te da tiempo para pensar, para planificar y para respirar. Disfruta de esa sensación y recuerda que es mucho mejor que las secuelas de los gritos, pero procura no parecer demasiado engreído en público.

El cambio requiere tiempo, persistencia y esfuerzo diario. Pero puedes dar un gran paso adelante. Empieza inmediatamente.

El premio no es solo una mejora en el comportamiento: es la relación que desarrollas con tu hijo, que estará protegida y se verá mejorada aun en los momentos más difíciles. Será una relación libre de vergüenza, de miedos y de la ansiedad provocada por la falta de coherencia.

Ese premio bien vale cualquier esfuerzo, de manera que empieza hoy mismo. Elabora un plan. Cambia algunas vidas. Cámbialo todo.